Loretta Stern | Anja Constance Gaca

Das breifrei!-Kochbuch

Loretta Stern ⋆ Anja Constance Gaca

Das breifrei!-Kochbuch

So schmeckt es dem Baby und der ganzen Familie

Mit 80 leckeren Rezepten von David Gansterer

Fotos von Susanne Krauss

Kösel

MIX
Papier aus verantwortungsvollen Quellen
FSC® C013736

Verlagsgruppe Random House FSC® N001967
Das für dieses Buch verwendete FSC®-zertifizierte Papier *Hello Fat matt* liefert Condat, Le Lardin Saint-Lazare, Frankreich.

2. Auflage 2015

Umschlag: Fuchs Design, unter Verwendung von Motiven von shutterstock.com und Susanne Krauss
Herstellung, Layout, Satz und Illustration: Nadine Wagner, München
Druck und Bindung: Kösel, Krugzell
Printed in Germany
ISBN 978-3-466-34601-1

Weitere Informationen zu diesem Buch und unserem gesamten lieferbaren Programm finden Sie unter www.koesel.de

Herstellernachweis
Verlag und Autoren bedanken sich für die Ausstattung der Produktion bei: Green Gate, Dänemark / Rice, Dänemark / Das Prinzesschen, Ammersbek, www.dasprinzesschen.de.

Hinweis:
Der Inhalt dieses Buches basiert neben wissenschaftlichen Empfehlungen auf der Erfahrung der Autoren und erhebt keinen Anspruch auf Vollständigkeit. Dies gilt auch für etwaige Produktnennungen.

Inhalt

Ran an die Töpfe: Die Rezepte

Anhang

Vorwort

Wenn Sie diese Zeilen lesen, interessieren Sie sich also für die entspannte und praktische Methode der breifreien »Beikost nach Bedarf«-Vorgehensweise bei der Nahrungseinführung. Ich stelle mir vor, dass Sie entweder noch im Buchladen stehen und nachdenklich blättern oder unser Werk jetzt zum ersten Mal zu Hause aufgeschlagen haben. Weiterhin stelle ich mir vor oder vielmehr hoffe ich es sogar, dass Sie sich vorab bereits genug Information verschafft haben, um nun zu sagen:
»Diesen Weg möchte ich, möchten wir mit unserem Kind gehen! Nun freue ich mich auf viele tolle Rezepte, die in mein und unser Leben passen und die es uns ermöglichen, alle zusammen zur gleichen Zeit unser Essen zu genießen – Kinder wie Erwachsene, ohne dass für irgendwen am Tisch etwas anderes oder besonderes zubereitet oder gar irgendwer gefüttert werden muss.«
Sollten Sie allerdings noch zweifeln, ob und vor allem wie das überhaupt gehen soll, dass so ein kleines Wesen, ein Säugling im wahrsten Sinne des Wortes, anfängt, sich eigenständig mit fester Nahrung auseinanderzusetzen, dann möchte ich Ihnen dringend raten, sich erst einmal umfassend zu informieren. Zum Beispiel in »Einmal breifrei, bitte!«, dem Theorie-Buch, das ich zusammen mit der Hebamme Eva Nagy geschrieben habe. Hier erklären wir detailliert, wie Sie vorgehen können, was alles zu beachten ist in Sachen Beikostreife, Sitzhaltung beim Essen, Vereinbarkeit der Methode mit Ihrem Berufsleben und vieles mehr, von A wie Allergien bis Z wie Zungenstoßreflex sozusagen.

Natürlich liefern wir Ihnen auf den folgenden Seiten in der Kurzfassung noch einmal die wichtigsten Informationen, jedoch ist es, das kann ich aus eigener Erfahrung sagen, äußerst hilfreich, sich ein profundes und möglichst breit aufgestelltes Wissen anzueignen – zum einen für das eigene Wohlbefinden und die Sicherheit im Umgang mit dem Kind und damit zum anderen auch für das Kind selbst, da Ihr Nachwuchs ja mit feinfühligsten Sensoren ausgestattet ist und sofort in Unruhe gerät, wenn Sie es tun. In Stein-Zeiten war das wegen der nicht unerheblichen Zahl an freilaufenden wilden Tieren sicher sehr hilfreich, steht einem aber heutzutage eher im Weg, wenn man einen gemütlichen Tagesablauf für sich und Baby konstruieren möchte!

Also – erst Theorie und dann Praxis, eine Reihenfolge, die sich nicht zuletzt in der

Fahrschule bewährt hat. Nur, dass Sie in dieser unserer Angelegenheit zum Glück nicht geprüft werden – höchstens Ihre Geduld und Ihr Gleichmut!

Noch ein paar Worte zu meinen diesmaligen Co-Autoren:
Anja ist nicht nur eine sehr gefragte Hebamme und dreifache Mutter, sondern findet zu meinem großen Erstaunen auch regelmäßig die Zeit, ihren wirklich lesenswerten Blog VonGutenEltern.de zu bestücken – mit Texten, die mir, seit ich sie relativ früh in meiner Schwangerschaft entdeckte, von Anfang an als mentale Unterstützung dienten und mich inhaltlich sehr inspirieren. Immer wieder gibt sie auch Beikost-Kurse und ist obendrein noch eine gefragte Referentin zu diesem Thema auf Kongressen und Symposien, sodass ich mittlerweile vermute, dass sie eine geheime Technik entwickelt hat, um ihren Tag auf mindestens 30 Stunden auszuweiten. Von ihrem Wissen können wir also in vielerlei Hinsicht profitieren und ich freue mich sehr, sie »an Bord« zu wissen!

Ebenfalls bin ich sehr glücklich über die Mitarbeit von David, dem Profi an den Töpfen. Er hat sich auf beeindruckend schwungvolle Weise und innerhalb kürzester Zeit unseren Vorgaben gestellt und absolut kind- und vor allem auch babygerechte Rezepte für *alle* Familienmitglieder entwickelt. Die eben keineswegs kindisch daherkommen oder gar witzige Kartoffel-Piratenboot-auf-hoher-Spinatsee-Szenarien entwerfen, um kleine Esser zu begeistern. Das tun Davids Gerichte vielmehr mit ernsthaft tollem Geschmack, und gerade der macht Riesenspaß.
Den haben Sie hoffentlich auch beim Nachkochen und Probieren,

herzlichst,
Loretta Stern

Breifrei – eine Einführung

Fakten: was »breifrei« bedeutet

Das Konzept der Beikost nach Bedarf, auch breifreie Beikost genannt, ist simpel: Der Säugling selbst bestimmt, was und wie viel er an anderer angebotener Kost außer Muttermilch zu sich nimmt – und somit auch das Tempo der Entwöhnungsphase von der reinen Milchernährung.
Die Idee ist alles andere als neu und wurde praktisch schon in der Steinzeit »erfunden«: Unsere Vorfahren hatten ja gar keine andere Wahl, als ihren Kindern als Beikost etwas davon anzubieten, was gerade auf den familiären Höhlentisch kam. Die Empfehlungen der Weltgesundheitsorganisation (WHO), die eine sechsmonatige ausschließliche Stillzeit vorsehen,[1] wurden 2009 mit Einführung der neuen Leitlinien zur Allergieprävention[2] auf den Kopf gestellt. Aus allergiepräventiver Sicht muss mit der Beikosteinführung nicht zwingend gewartet werden, bis das Kind sechs Monate alt ist. Übersetzt bedeutet das, es ist nicht schlimm, wenn das Kind ab dem fünften Lebensmonat mal an einem Brötchen lutscht oder den Eltern bereits die Kartoffel vom Teller klaut. Keineswegs heißt es aber im Umkehrschluss, dass nun alle Kinder mit spätestens vier Monaten beigefüttert werden müssen! Denn bei allen Trends in Sachen Beikost bleibt eines über die vielen Jahrtausende unserer Menschheitsgeschichte gleich: Der Großteil der Kinder erlangt ungefähr mit einem halben Jahr die Beikostreife. Das heißt, der Verdauungstrakt, motorische Fähigkeiten und bestimmte Reflexe sind erst dann so weit entwickelt, dass Babys gut gerüstet sind für das Abenteuer, das »Essen der Großen« kennenzulernen. Manche etwas früher, manche etwas später – aber irgendwann interessieren sich alle Kinder für mehr als Milch.

Und dann? Ein Löffelchen Brei für die Mama? Schon teilweise im Wochenbett werden Eltern mit Breiplänen konfrontiert, die suggerieren, dass man nur dieses und jenes Breichen anrühren muss und das Baby dann zum Zeitpunkt XY brav den Mund öffnen und begeistert losessen wird. Mengenmäßig kann dies dann Löffelchen für Löffelchen gesteigert werden und schwupp sind 190 Gramm DIN-Norm-Brei im Kind verschwunden – ganz stressfrei und entspannt für alle Beteiligten. Ja, in seltenen Fällen klappt das so, aber der eindeutig größere Teil der Kinder hält sich nicht an ausgeklügelte Beikostpläne. Manche Babys lehnen pürierte Babykost sogar ganz ab – dafür bedienen sie sich gerne am Familientisch. Statt der Belöffelung nehmen sie ihr Essen ganz einfach selbst in die Hand. Und darum geht es bei »breifrei«.

Wir werden hier nicht nur aus Gründen der Lesbarkeit immer vom Stillen sprechen. Muttermilch ist die für Menschenkinder vorgesehene optimale Milchnahrung und ein Großteil der Mütter stillt ihr Kind noch, wenn mit der ersten Beikost begonnen wird. Es hat viele Vorteile, die Beikosteinführung unter »dem Schutz des Stillens«[3] durchzuführen, sei es in Bezug auf die Allergieprophylaxe oder die Stärkung der Abwehr durch die reichlich in der Milch enthaltenen Immunstoffe.
Die WHO empfiehlt nach den sechs Monaten ein Weiterstillen bis zum zweiten Geburtstag oder darüber hinaus, wenn Mutter und Kind das wünschen. Aber weder die WHO noch wir als Buchautorinnen legen die Stilldauer fest – Sie und ihr Kind entscheiden, wie lange Sie stillen möchten. Hilfreich zu wissen: Sie haben bis zum Ende der Stillzeit Anspruch auf Hebammenhilfe, bei Stillproblemen, Beikostfragen oder auch bei Fragen zum Abstillen. Die gesetzlichen Krankenkassen übernehmen die Kosten für bis zu acht Beratungen.

Jedoch ist der breifreie Beikostweg auch genauso gut machbar, wenn Sie Ihr Baby nicht (mehr) stillen möchten oder können. Auch hier bleibt die Säuglingsanfangsnahrung, auch als Pre-Nahrung bezeichnet, erst einmal Hauptnahrungsmittel und wird weiterhin nach Bedarf gegeben. Auch hier bestimmt Ihr Baby, wann es die Milchmahlzeiten zunehmend durch andere Kost ersetzt. Genau wie die Muttermilch sich in ihrer Nährstoffzusammensetzung nicht verändert (außer in den ersten Tagen nach der Geburt) oder gar verschlechtert, ist es definitiv nicht notwendig, von der sogenannten Anfangsnahrung auf Folgenahrung umzusteigen[4] (s. Seite 21).

Eins möchten wir noch mal betonen: Breifreie Beikost ist keine schnelle Abstillmethode, denn Ihr Baby wird und darf das Tempo bestimmen, indem es zunehmend mehr feste Kost anstelle von Muttermilch zu sich nimmt. Wenn es also Ihr persönlicher Wunsch ist, das Baby bald abzustillen, müssen die Stillmahlzeiten durch Fläschchen mit Pre-Milch ersetzt werden. Lassen Sie sich dafür von Ihrer Hebamme beraten, da gerade ein eher schnelles Abstillen eine große Umstellung bedeutet – sowohl für Ihr Baby als auch für Sie.
Unsere persönlichen Stillzeiten liegen irgendwo zwischen lang und länger.
Loretta hat Karline fast ein Jahr gestillt. Anjas Töchter wurden beide über die zwei Jahre der WHO-Empfehlung hinaus und auch der zweijährige Sohn wird noch gestillt. Wie lange? So lange, wie es für alle Beteiligten passt. Keine Mutter muss sich mit der Geburt festlegen, wie lange sie stillen möchte, sondern darf das von Woche zu Woche gemeinsam mit ihrem Kind neu entscheiden. Genießen Sie Ihre gemeinsame Stillzeit, wie lang diese auch immer sein mag.

Vorteile von Beikost nach Bedarf

Als Mütter von insgesamt vier breifrei aufgewachsenen Kindern fällt es uns natürlich leicht, über die zahlreichen Vorteile dieser alternativen Art der Beikosteinführung zu schwärmen. Loretta hat bereits ein ganzes Buch zu dem Thema verfasst und Anja vermittelt dieses Konzept schon seit Jahren als ebenfalls möglichen Weg in ihren Beikostkursen.
Da Sie sich mit dem Kauf dieses praxisorientierten Kochbuches wahrscheinlich ohnehin schon längst für diese Vorgehensweise entschieden haben, fassen wir hier nur noch einmal in Kurzform die relevantesten Vorteile zusammen (ein ausführlicheres Plädoyer finden Sie in »Einmal breifrei, bitte!«):

Ihr Kind

- bestimmt selbst, was, wie viel und wie schnell es isst,
- kann Hunger und Sättigung früh begreifen, empfinden und steuern,
- lernt früh Geschmäcker zu differenzieren,
- trainiert Feinmotorik, Sensorik und Mundmuskulatur,
- isst gleichzeitig mit Ihnen – echte gemeinsame Mahlzeiten sind von Anfang an möglich,
- kann auch unterwegs im Café, Restaurant, bei Freunden unkompliziert versorgt werden,

- muss nicht extra bekocht und gefüttert werden,
- kann eigenständig handeln, genau wie die Großen am Tisch – sein Selbstvertrauen wird gestärkt.

Sie

- müssen sich nicht nach Fahrplänen richten, empfinden keinen Druck,
- müssen für unterwegs keine Extra-Ausrüstung, keine Gläschen, Pulver, Löffel o. Ä. einpacken,
- sparen Zeit beim Zubereiten,
- brauchen kein Geld für vergleichsweise teure Babygläschen ausgeben,
- haben die Hände selbst zum Essen frei.

Eine kleine Praxisfibel

Eins vorweg: Erwarten Sie am besten *gar nichts*, vor allem in den Anfangstagen. Wenn Sie Lust und Muße haben, für sich oder für Ihre Familie zu kochen, tun Sie's, und bieten Ihrem Kind einfach ein wenig davon an. Aber starten Sie auf keinen Fall das Unternehmen mit dem Ziel, exakt den Geschmack Ihres Babys zu treffen. Sie werden die tollsten Gerichte zubereiten und felsenfest davon überzeugt sein, dass davon raue Mengen verzehrt werden – Ihr Baby wird das vielleicht ganz anders sehen und sich maximal einen kleinen Teil davon in die Frisur einarbeiten. In anderen Situationen könnten Sie Stein und Bein schwören, dass Ihr Kind von dem, was Sie gerade verspeisen, nicht einmal probieren wird. Und dann müssen Sie plötzlich alles rausrücken, was auf *Ihrem* Teller liegt.
Sie können bei diesem Beikostweg also nichts voraussehen oder planen. Dafür erwarten Sie unterwegs viel Freude und erstaunliche Erlebnisse mit einem autark vor sich hinarbeitenden Mit-Esser am Tisch!

Die Grundlagen

- Ihr Baby muss zum Essen immer aufrecht sitzen und darf nicht allein gelassen werden.
- Für das Breifrei-Konzept ist zusätzlich das wohl mit wichtigste Kriterium, dass das Kind *nicht* mit dem angebotenen Fingerfood gefüttert wird. Damit es einen sicheren Umgang mit der Nahrung entwickelt, muss es diese selbst erfassen, befühlen und sich in den Mund stecken. So bekommt es bald ein Gespür für Mengen und Größen. Wenn Sie Ihrem Kind das Essen in den Mund schieben würden, könnte zudem der Würgreflex ausgelöst werden. Sorgen Sie bitte auch dafür, dass manchmal übereifrige Geschwister dem Baby keine Nahrung in den Mund stecken!
- Für eine gute Nährstoffversorgung ist es unerlässlich, dass Ihr Baby weiter nach Bedarf gestillt wird bzw. Pre-Nahrung erhält. Reduzieren Sie nicht von sich aus die Still- oder Flaschenmahlzeiten, sondern überlassen Sie hier ganz entspannt Ihrem Baby das Tempo.

So merken Sie, dass Ihr Kind bereit für Beikost ist

- Es kann mit nur wenig Unterstützung im unteren Rücken selbständig sitzen, außerdem natürlich den Kopf alleine halten und Essen selbst greifen, festhalten und gezielt in den Mund führen.
- Der Zungenstreckreflex, der davor bewahrt, ungeeignete Dinge in den Mund zu nehmen und zu verschlucken, ist nicht mehr vorhanden. Wenn ein Kind also mit der Zunge jeden Breilöffel wieder heraus schiebt, ist das nicht putzig, sondern bedeutet lediglich, dass es noch nicht bereit ist für Beikost!
- Es ist interessiert am Essen der Großen und zeigt Kaubereitschaft.
- Es kann sich vom Rücken auf den Bauch drehen – dann kann es auch mit der Zunge im Mund seitliche Bewegungen vollführen, da diese Entwicklungen zeitlich parallel verlaufen.

Erst wenn all diese Voraussetzungen gegeben sind, ist der Magen-Darm-Trakt soweit ausgereift, dass er mit neuen Nahrungsvoraussetzungen gut fertig wird. Dieser Zeitpunkt ist bei den meisten Kindern ungefähr mit sechs Monaten gekommen – manchmal etwas früher, manchmal etwas später.
Die Tatsache, dass sich Babys jedes Spielzeug in den Mund stecken, hat übrigens nichts damit zu tun. Die Entwicklung der sogenannten oralen Phase hat meist im fünften Lebensmonat ihren Höhepunkt, was oft von Eltern, aber noch viel häufiger

vom verunsichernden Umfeld als Beikostreife oder gar als Hunger gewertet wird. Wer sich trotzdem nicht ganz sicher ist, lässt sich zu diesem Zeitpunkt noch einmal von der Hebamme oder einer Stillberaterin unterstützen.

Schaffen Sie eine baby- und elternfreundliche Essumgebung

Am besten sitzt es sich anfangs auf dem elterlichen Schoß. In Hochstühle sollten Babys erst gesetzt werden, wenn sie komplett selbst in der Lage sind, sich in eine sitzende Position zu bringen. Dies geschieht in der Regel erst, wenn sie krabbeln können, was den meisten Kindern eben mit sechs Monaten noch nicht gelingt. Wir halten es dennoch für vertretbar, das Kind für einen kurzen, überschaubaren Zeitrahmen (also nur für die reine Essenszeit), durch eine Abpolsterung etwas unterstützt, in den Hochstuhl zu setzen. Das hat den Vorteil, dass es Mama und Papa ausgiebig beim Essen beobachten kann. Ein Baby, das völlig in sich zusammensackt, ist ohnehin noch nicht beikostbereit.

Ein Baby sollte aber nie, nie, nie im Hochstuhl allein gelassen werden. Das gilt ohnehin *immer* für die Nahrungsaufnahme. Eltern müssen die kleinen Essanfänger dauerhaft im Blick haben – auch beim Brötchen-Lutschen im Buggy!

Sinnvolle Breifrei-Ausrüstung

- leicht abwischbarer Hochstuhl, idealerweise mit umrandetem Tablett
- andernfalls rutschfestes Tischset oder Aufsatz
- eventuell Schale mit Saugnapf
- geeignetes Trinkgefäß (unzerbrechlicher Becher, mit Doppelhenkel leichter greifbar; Schnabeltasse oder Flasche mit Sauger sind nicht notwendig)
- Lätzchen mit langen Ärmeln
- Auffangvorrichtung unter dem »Arbeitsplatz« – Duschvorhang oder Wachstuch
- reichlich Küchenpapier griffbereit
- feuchter Waschlappen für Gesicht und Hände nach dem Essen

Die Angst vor dem Verschlucken

Eine häufig angeführte Sorge, die Eltern von der selbstbestimmten Beikost abhält, ist ja die, dass das Kind zu große Stücke verschlucken und in Erstickungsgefahr geraten könnte. Bei Säuglingen liegt der Würgereflexpunkt noch sehr weit vorn auf der Zunge. Das heißt, sie werden Stücke, mit denen sie nicht umgehen können, mit der Zunge nach vorne befördern und ausspucken. Oft mit (für die Eltern) leicht dramatisch klingenden Geräuschen. Gleich darauf steckt sich das Kind aber lächelnd das nächste Stück derselben Speise in den Mund. Genau das passiert ja auch, wenn sich Babys Spielzeug oder die eigene Hand zu weit in den Mund schieben.

Verschlucken können sich Babys aber auch genauso gut an Breikost, gerade weil der Löffel hier ja meist über den Würgereflexpunkt hinaus in den Mund geschoben wird. Wichtig ist auf jeden Fall, wie bereits erwähnt, das Kind nicht mit dem Essen alleine zu lassen, damit Sie unterstützend eingreifen können, wenn der gute Husten- und Würgereflex eines gesunden Kindes

mal nicht ausreichen sollte. Außerdem sollten Babys keine kleinen runden Lebensmittel in unverarbeiteter Form angeboten werden, damit nicht doch fälschlicherweise einmal etwas in die Luftröhre gerät und feststeckt (Aspirations-Gefahr, s. Seite 25). Genauere Hinweise zu Erste-Hilfe-Maßnahmen finden Sie z. B. in »Einmal breifrei, bitte« auf Seite 45–47 oder im grundsätzlich sehr empfehlenswerten Standardwerk »Schnelle Hilfe für Kinder« von Janko v. Ribbeck.[5]

Eine gute Idee ist es auch, einen Erste-Hilfe-Kurs für Säuglinge zu besuchen – danach fühlen Sie sich sicherlich besser vorbereitet auf das Selbstesser-Abenteuer!

Wohlfühl-Tipps für alle Beteiligten

- Ihr Baby sollte sich beim Beikoststart in einem entspannten, wachen, gesunden, neugierigen und vor allem nicht hungrigen Zustand befinden. Breipläne, die empfehlen, das Kind möglichst hungrig, also vor dem Stillen oder dem Fläschchen zu füttern, handhaben das Ganze eher als »Ersetz-Kost« statt als Beikost. Ein hungriges Baby weiß anfangs nicht, dass das unbekannte, bunte Zeug auf dem Teller auch satt machen kann. Es geht erst einmal nur ums Kennenlernen und Ausprobieren. Dafür lässt es sich aber sicher nicht begeistern, wenn es die ganze letzte Nacht gezahnt hat und viel lieber bei Mama Dauernuckeln möchte.

- Auch Sie sollten das Unternehmen nicht unter Zeitdruck und im reinweißen Cashmerepullover kurz vor einem wichtigen, aushäusigen Termin beginnen. Offerieren Sie Speisen mit Sauerei-Potenzial nur dann, wenn Ihre Nerven die daraufhin notwendige Säuberungsaktion noch aushalten. Ansonsten entscheiden Sie sich für aufwandsärmere und trockenere Angebote.
- Probieren Sie unbedingt immer erst selbst, ob die angebotenen Speisen nicht mehr zu heiß und obendrein mit der Zunge am Gaumen zerdrückbar sind. So zerkleinert Ihr Baby als Erstes die Nahrung im Mund, später lernt es, mit den Zahnleisten zu »kauen«.
- Das wichtigste Esswerkzeug hat Ihr Baby in den letzten Monaten schon fleißig trainiert – seine Hände. Sie können jedoch auch von Anfang an ein Kinderbesteck anbieten, denn Kinder wollen imitieren, was die Großen machen, und bei uns wird kulturell bedingt meist mit Besteck gegessen. Aber hauptsächlich darf und soll Ihr Baby erst einmal seine Hände benutzen. Zum Fühlen, Drücken, Zerteilen, um das Ganze in den Mund zu führen und vielleicht auch wieder hinaus.
- Natürlich gilt mit der Entscheidung für diesen Beikostweg weder ein Brei- noch ein Fütterverbot. Manche Speisen haben ja einfach eine breiige Konsistenz und auch diese Herausforderung wollen die Kinder gerne bewältigen. Hier dürfen Sie gerne auch unterstützen – reichen Sie z. B. einen Löffel mit langem Stiel und steuern Sie am Ende sanft mit, servieren Sie Suppen in einem Trinkgefäß und die eventuelle Einlage extra, bieten Sie weiches Brot zum Auftunken an … Es spricht wohlgemerkt auch überhaupt

Anjas Mutti-Notiz:

Vor einiger Zeit schenkte uns eine Freundin ein Sofreh, die im persischen Kulturkreis typische Essdecke. Die Kinder und auch wir lieben die Mahlzeiten, die entspannt auf dem Boden eingenommen werden. Die Decke ersetzt den Tisch. Auch kleine Essanfänger krabbeln gerne um diesen »Tisch« herum und probieren neugierig mal hier und mal da. Und nach dem Essen wird die Decke einfach abgeschüttelt, in die Waschmaschine gesteckt und fertig.

nichts dagegen, mal die klassische Brei-Variante auszuprobieren – vielleicht ist Ihr Baby auch der Typ »Brei-Selbstlöffler«?

- Das beste Getränk? Eindeutig Wasser! Leitungswasser ist in Deutschland eines der am strengsten kontrollierten Nahrungsmittel überhaupt – es sollte allerdings nicht aus Bleirohren kommen oder über einen Wasserfilter gelaufen sein, und auch ungeprüftes Brunnenwasser ist keine babytaugliche Option. Lassen Sie einfach beim Leitungswasser das Standwasser ablaufen, danach können Sie es unabgekocht reichen.[6]

Natürlich können Sie auch Tee anbieten, aber bitte nur selbst aufgegossenen aus Kräutern oder Früchten – Instant-Tees sind nämlich wahre Zuckerbomben. Klarer Vorteil des Wassers: Es ist überall erhältlich und schmeckt immer gleich! So entstehen keine Dramen, wenn der Tee in einer bestimmten Geschmacksrichtung mal vergessen wurde. Auch verdünnte Saftschorlen enthalten nicht unerhebliche Mengen Zucker und haben trotzdem bei Weitem nicht den Vitamin-Mehrwert von richtigem Obst.
Für unterwegs können Sie einen kleinen Becher und eine Schraubflasche mit Wasser einstecken. Die Kombination ist in der Handtasche auch wesentlich auslaufsicherer als die allermeisten Trinklerntassen und Sportflaschen.

- Ab dem ersten Zähnchen ist Zahnpflege beim Baby angesagt. Über das richtige Wann und Wie kann Sie die Hebamme oder der Zahnarzt informieren.

Lorettas Mutti-Notiz:
Wir haben Karline unterwegs von Anfang an (also ab dem Beikost-Beginn) Wasser aus ganz normalen Flaschen angeboten, aus denen wir auch tranken. Innerhalb kürzester Zeit klappte das ganz hervorragend, sie war stolz und wir froh, nicht noch einen weiteren Ausrüstungsgegenstand draußen mit herumtragen zu müssen.

Was kommt auf den Teller?

Welche Lebensmittel eignen sich?

Möhre, Pastinake – was denn nun? Das, was den Eltern schmeckt und gesund ist, eignet sich meist auch gut als Beikost. Gemüse, Obst, Fisch, Fleisch – nahezu alles ist erlaubt. Ziel der ganzen Beikostgeschichte ist schließlich, dass Ihr Kind am Familientisch mitisst. Wenn Mama also keine Pastinake mag, muss diese auch nicht zwingend dem Kind serviert werden.

Gemüse

Bewährte Einsteigergemüse für Selbstesser sind zum Beispiel Kürbis, Zucchini, Kartoffel, Möhre, Süßkartoffel, Brokkoli, Blumenkohl oder Kohlrabi. Natürlich können Sie aber fast alle Sorten anbieten – nicht geeignet, um sie unverarbeitet zu reichen, sind lediglich Blattgemüse wie Mangold oder Spinat (können aufgrund ihrer Form und Konsistenz am Gaumen klebenbleiben) sowie kleine Maiskörner und Erbsen (Aspirationsgefahr).
Sobald aber der Pinzettengriff perfektioniert ist, können Sie weich gegarte, leicht zerdrückbare Erbsen anbieten. Auch halbe gegarte Maiskolben zum Selbst-Abknabbern kommen dann oft gut an.

Zubereitung »Einsteiger-Sticks«

- Gemüse waschen und gegebenenfalls schälen.
- Das Ganze in ca. pommesgroße Stücke schneiden. Ihr Kind muss das angebotene Essen mit der Handfläche greifen können, da sich der Pinzettengriff erst noch entwickelt. Zu kleine Stücke verschwinden komplett in der Faust Ihres Babys.
- Den Siebeinsatz oder das Asiakörbchen (s. Foto unten) in einen passenden Topf mit Wasser stellen.
- Das Wasser zum Kochen bringen und so das Gemüse im Dünsteinsatz bei geschlossenem Deckel bissfest garen. Die Garzeit beträgt je nach Gemüse 8 bis 10 Minuten.
- Alternativ das Gemüse mit Wasser bedeckt direkt im zugedeckten Topf dünsten.

Obst

Beliebte Klassiker sind Äpfel, Birnen, Pfirsiche, Aprikosen, Pflaumen oder auch exotische Sorten wie Melonen, Mangos oder Avocados. Bananen sollten aufgrund des hohen Fruchtzuckergehaltes nur in Maßen genossen werden. Breifreie Babys »zuzeln« auch gerne Zitrusfrüchte und größere Ananasstücke aus. Auch Erdbeeren und Himbeeren sind gut geeignet – aufgrund der farbenfrohen Kleckerei ideal für warme Sommertage ohne viel Kleidung! Kleine runde Beeren und Früchte sollten erst gegeben werden, wenn die Kinder über eine ausreichende Hand- und Mundmotorik verfügen.

Fette, Öle und Streichfette

Gesunde Fette sind ein wichtiger Nahrungsbestandteil. Genau wie der klassische Brei mit Öl angereichert wird, kann auf die Gemüsesticks etwas Öl geträufelt werden oder ein entsprechend gehaltvoller Dipp dazu angeboten werden. (z. B. unser Avocado-Aufstrich, s. Seite 63)

Da sich Pflanzenöle in der Fettsäuren-und Vitaminzusammensetzung unterscheiden, sollte immer mal wieder die Sorte gewechselt werden. Geeignete Öle sind: Rapsöl, Maiskeimöl, Sonnenblumenöl, Weizenkeimöl, Distelöl, Walnussöl, Olivenöl, Leinöl.
Auch Butter kann angeboten werden. Margarine hingegen ist ein sehr stark bearbeitetes Produkt aus zu vielen für den Verbraucher nicht immer überschaubaren Zutaten und damit eher nicht empfehlenswert.

Lorettas Mutti-Notiz:

Letztlich war ich (o.k., bin ich *immer noch!*) bisweilen eine sehr ängstliche Mama. Apfelschnitze habe ich zum Beispiel anfangs immer im Dämpfkörbchen ein bisschen weicher gedünstet. Somit sind sie leichter am Gaumen zerdrückbar.

Milchprodukte

Hauptmilchprodukt bleibt zunächst die Muttermilch bzw. die Pre-Nahrung. Maximal 200 ml (Bio-)Kuhvollmilch sind als Bestandteil einer Milchspeise für Kinder unter einem Jahr erlaubt, da zu viel Eiweiss die kindlichen Nieren überlasten kann.[7] Sehr eiweißreiche Produkte wie Quark und Joghurt sollten nur sehr maßvoll oder nicht pur angeboten werden. Rohmilchprodukte sind für Babys nicht geeignet. Wegen der hohen Nährstoffdichte sollte Milch grundsätzlich als richtiges Lebensmittel und nicht als Durstlöscher gewertet werden. Pflanzliche Milch in der ungezuckerten Variante, z. B. aus Hafer oder Mandeln, kann gut in der »breifreien Küche« verwendet werden.

Als Alternative zur Muttermilch ist einzig die Gabe von Pre-Nahrung empfohlen. Sogenannte 1er-Nahrungen enthalten zusätzliche Stärke, die die Milch etwas sämiger, jedoch nicht kalorienreicher macht. Da es aber auch 1er-Nahrungen gibt, die nicht erforderliche Zuckerzusätze wie Glucose, Maltose oder Maltodextrin enthalten, sollten Sie hier die Zutatenliste genau studieren. Pre-Nahrungen ohne 1 in der Namensnennung enthalten als einziges Kohlenhydrat nur Laktose und sind deshalb für nicht gestillte Kinder im ganzen ersten Lebensjahr immer die erste Wahl.[8] Von Folgenahrungen, als 2er- und 3er-Nahrung deklariert, wird von Expertenseite ganz abgeraten, weil diese neben der Laktose noch diverse andere Zuckerzusätze sowie Stärke und zum Teil andere unerwünschte Zusätze wie Aromastoffe enthalten. Der Eiweißanteil ist höher als in der Anfangsnahrung, was das spätere Übergewichtsrisiko erhöht. Folgenahrungen dürfen deshalb auch nicht mehr nach Bedarf gegeben werden.

Eier

(Bio-)Ei kann in vielen Variationen angeboten werden, allerdings nicht roh oder halbgar. Bakterien wie Salmonellen, die zu schweren Magen-Darm-Infektionen führen, wird erst durch entsprechendes Erhitzen der Garaus gemacht. Denken Sie auch daran, wenn Sie rohe Eier in nicht durchgegarten Gerichten verarbeiten.

Fisch

Die Einführung von Fisch im ersten Lebensjahr wirkt sich positiv auf die Toleranzentwicklung aus.[9] Er sollte aber möglichst von artgerecht gehaltenen und nachhaltig gefangenen Tieren stammen. Der jährlich erscheinende Fischratgeber von Greenpeace bietet weitere Informationen.[10] Für Babys ist es wichtig, dass Fisch durchgegart und grätenfrei ist. Geeignete Fischsorten sind zum Beispiel Lachs oder Kabeljau. Fettreiche Kaltwasserfische wie Lachs oder auch Hering enthalten zudem viele gesundheitlich wertvolle Omega-3-Fettsäuren.

Fleisch und Geflügel

Fleisch ist eine gute Quelle für Eisen, Zink sowie Vitamin B12. Beikostgeeignete Fleischsorten sind zum Beispiel Huhn oder Pute sowie mageres Rind- oder Kalbfleisch. Fleisch und Geflügel sollte nicht nur aus Tierschutzgründen aus artgerechter Haltung kommen – Bio- oder Neulandfleisch weist auch viel geringere Hormon-und Medikamentenrückstände auf.

Fleisch in der Babyernährung sollte weder geräuchert noch gepökelt sein und muss stets gut durchgegart werden. Da fertige Fleisch- und Wurstwaren meist zu viel Fett, unerwünschte Zusatzstoffe und viel zu viel Salz enthalten, sollten sie dem Kind frühestens nach dem 10. Monat und dann auch nur in kleinen Mengen gegeben werden. Magerer Kochschinken oder Gelbwurstsorten sind hier zu bevorzugen.

Vegetarische Ernährung

Es ist problemlos möglich, ein Kind ohne Fleisch und Fisch aufwachsen zu lassen. Milchprodukte sind eine geeignete Vitamin-B12-Quelle. Eisenreichere Getreidesorten wie Amaranth oder Hirse sind als Vollkornvariante zusammen mit Vitamin C in Form von Früchten eine gute Eisenquelle.[11]

Vegane Ernährung

Der komplette Verzicht auf Lebensmittel tierischen Ursprungs kann für Kinder in der starken Wachstumsphase problematisch sein. Während für viele Nährstoffe wie Protein, Kalzium und Eisen auch pflanzliche Nahrungsmittel gute Quellen sein können, ist der wichtige Nährstoff Vitamin B12 nicht darüber aufzunehmen.

Eine gut konzipierte vegane Ernährung, bei der fehlende Nährstoffe wie Vitamin B12 supplementiert werden, ist theoretisch möglich. Da diese aber gute Kenntnisse der Eltern über Lebensmittelauswahl und -zubereitung erfordert, empfiehlt momentan weder die Deutsche Gesellschaft für Ernährung noch die Initiative »Netzwerk Junge Familie« des Bundesministeriums für Ernährung und Landwirtschaft eine rein vegane Ernährung für Säuglinge und Kleinkinder.[12] Da es zu einer unzureichenden Zufuhr wichtiger Nährstoffe wie Eiweiß, Eisen, Jod, Kalzium, Zink, Vitamin B2 und eben Vitamin B12 kommen könnte, sollten interessierte Eltern unbedingt Rücksprache mit ihrem Kinderarzt halten, wenn sie ihr Kind vegan ernähren möchten.

Getreide

Getreide hat eine hohe Energiedichte und enthält wertvolle Mineralstoffe und Vitamine, welche vor allem im Keim und den Randschichten der Getreidekörner stecken. Deshalb empfiehlt sich die Verwendung von 100-prozentigem Vollkorngetreide. In Getreidesorten wie Weizen, Hafer, Roggen, Gerste und Grünkern ist das Klebereiweiß Gluten enthalten. Bei Glutensensitivität

kann der Körper mit Blähungen, Bauchschmerzen, Durchfall, aber auch Kopfweh oder Müdigkeit reagieren. Die eher seltene Glutenunverträglichkeit (Zöliakie) verursacht zudem eine chronische entzündliche Erkrankung der Dünndarmschleimhaut. Studien ergaben, dass die Einführung, also das erste Anbieten, *nach* dem siebten Lebensmonat das Zöliakierisiko sogar erhöhen kann.[13]
Wenn Ihr Baby also die Beikostreifezeichen aufweist, können Sie ihm glutenhaltige Getreideprodukte reichen. Auch glutenfreie Getreidesorten wie Hirse, Mais, Buchweizen, Amaranth und Quinoa bieten in Vollkornqualität wertvolle Nährstoffe und Abwechslung auf dem Familienspeiseplan.

Salz, Gewürze und Kräuter

Babys Nieren sind noch nicht ausgereift dafür, größere Salzmengen zu verstoffwechseln. Maximal ein Gramm Salz (bis 0,4 Gramm Natrium) am Tag ist für Kinder unter einem Jahr akzeptabel. Baby- und Kinderkost sollte generell salzarm sein.[14]
Salz im Kochwasser ist völlig in Ordnung, nachsalzen sollte jedoch erst auf dem eigenen Elternteller passieren. Oft kommt Salz versteckt in industriell hergestellten Lebensmitteln wie Wurstwaren oder Brot, aber auch in einigen Käsesorten wie Parmesan vor. Scharfe Gewürze schaden dem Kind nicht unbedingt, sorgen aber meist dafür, dass es die zu stark gewürzten Lebensmittel ablehnt. Fein gehackte Kräuter lassen sich gut verwenden.
Für Babys ist oft weniger mehr, da sie mit ihren feinen und unbeeinflussten Geschmacksknospen wesentlich intensiver schmecken.

Zucker und Süßigkeiten

Süß ist eine der ersten Geschmacksvorlieben von Babys. Auch Muttermilch schmeckt süßlich. In der Natur sind süße Nahrungsmittel so gut wie nie giftig, man kann also vom »evolutionsbiologischen Sicherheitsgeschmack« sprechen.
Die geschmackliche Wahrnehmung von Zucker ist so stark, dass alles andere überlagert wird – mit dem Effekt, dass Ihr Kind höchstwahrscheinlich ab dem ersten Kontakt am liebsten raue Mengen Süßes serviert bekommen möchte. Die Geschmacksknospen werden sozusagen verzerrt konfiguriert und andere, zartere Aromen haben keine Chance mehr, entsprechend wahrgenommen zu werden.

Lorettas Mutti-Notiz:
Lange servierte ich Karline 100-prozentiges, ungezuckertes Birnenmus aus dem Gläschen als »Marmelade«. Sie mochte ihr damit bestrichenes Toastbrot am Morgen so sehr, dass ein bis zwei Gläser ein fester Bestandteil unseres Reisegepäcks wurden, um auch bei Freunden oder im Hotel eine sichere Birnentoast-Versorgungslage zu gewährleisten. Bis ihr ahnungslose Mitmenschen eines Tages als Alternative konventionelle Erdbeermarmelade anboten … Damit war die zuckerfreie Ära beendet!

Nahezu allen industriell hergestellten Lebensmitteln ist Zucker zugesetzt. Nicht immer gleich offensichtlich erkennbar, häufig sogar mit den scheinbar entwarnenden Worten »ohne Kristallzuckerzusatz« getarnt. Wenn man aber die kleingedruckte Zutatenliste studiert, stehen da allerlei andere Zuckerformen wie Glucose, Dextrose, Maltose, Fruktose oder auch Sirupvarianten, die zugesetzt wurden. Auch vielen Babygläschen und Fertigbreien ist oft Zucker beigemischt!
Kinder und auch Erwachsene konsumieren Zucker häufig über der empfohlenen täglichen Verzehrmenge. Viele behalten, von klein auf konditioniert, den Zuckerkonsum ein Leben lang als Kompensationsmittel für Stress oder Unbehagen bei. Kindern sollte ein maßvoller Umgang mit Süßigkeiten gezeigt werden – die Vorbildfunktion der Erwachsenen ist da ganz entscheidend. Besonders kritisch ist die Aufnahme von Zucker in flüssiger Form, in Säften, Saftschorlen, Limonaden oder Eistees zu sehen. Lebensmittel und Getränke, bei denen Zucker, in welcher Form auch immer, an zweiter oder dritter Stelle auf der Zutatenliste steht – Zutaten sind anteilig geordnet, die meist vorhandene wird zuerst genannt –, sind als Süßwaren und nicht als Grundnahrungsmittel zu betrachten.
Wer selbst kocht, hat es am besten im Griff, unerwünschte Zutaten wegzulassen. Die natürliche Süße von Früchten und einigen Gemüsesorten ist für Babys erstmal genug Geschmackserlebnis.

Anjas Mutti-Notiz:
In der Regel fordern kleine Kinder am Anfang noch keine Süßigkeiten von sich aus ein. Sie schauen aber genau, was die anderen essen. Deshalb war und ist bei uns auch immer klar, dass die großen Geschwister ihre Süßigkeiten nicht im Radius des jeweils kleinsten Kindes essen. Das verstehen sie recht gut und finden es sogar toll, etwas Besonderes zu dürfen, was das Baby oder Kleinkind nicht darf. Die großen Kinder sind aber auch wesentlich kooperativer, was die anschließende Zahnpflege angeht.

Lieber nicht!

Hier sehen Sie die wenigen verbotenen Lebensmittel im Überblick:

- Honig und Ahornsirup (Botulismusgefahr)
- unzerkleinerte Erbsen, Bohnen, Samen, Nüsse, kleine Beeren (Verschluckungs- bzw. Aspirationsgefahr)
- rohe Eier, roher Fisch, rohes Fleisch (Salmonellengefahr)
- Rohmilch (kann Bakterien enthalten)
- Salat (kann am Gaumen kleben bleiben)
- Fisch mit Gräten
- salzhaltige Nahrungsmittel (zu viel Salz kann die Nieren belasten)
- Zucker, zuckerhaltige Lebensmittel, gesüßte und ungesüßte Säfte, Limonaden
- Zuckerzusätze (Glucose, Maltodextrin, Maltose, Fructose, Dextrose, Saccharose, Sirupe und Dicksäfte)
- fettreduzierte Lebensmittel
- koffein- und teeinhaltige Getränke
- alkoholhaltige Getränke oder Speisen

Die Sache mit den Nährstoffen

Tatsächlich hatten wir bei der Konzeption des Buches noch angedacht, ein ausführliches Nährstoffkapitel zu schreiben sowie bei den einzelnen Gerichten die besonderen Nährstoffgehalte auszuweisen. Letztendlich entschieden wir uns nun doch dagegen – aus einem ganz einfachen Grund:

Wir möchten auf keinen Fall vermitteln, dass bestimme Lebensmittel *unbedingt* nicht nur von Ihnen angeboten, sondern auch von Ihrem Kind konsumiert werden *müssen*. Dass es gilt, gewisse Werte und Mengen einzuhalten und dass man jetzt eben doch noch schnell ein Studium der Ernährungswissenschaften absolvieren muss, um das Thema Beikost anzugehen. Wir wollen nicht, dass Sie unter Druck geraten, wenn Ihr Kind nun gerade die nährstoffreiche Hirse in allen verschiedenen Darreichungsformen verschmäht. Bei einer gesunden, abwechslungsreichen und vollwertigen Ernährung werden alle Nährstoffbedürfnisse ausreichend bedient. Die Nahrungseinführung soll, wie wir schon sagten, allen Beteiligten Spaß machen und eine erfreuliche und abenteuerliche Sinneserfahrung für Ihr Kind sein – kein notwendiges abzuarbeitendes Programm nach Tabellen und Zahlen!

Wählerische Esser

Da stellen Sie Ihrem Kind allerlei leckeres und abwechslungsreiches Essen auf den Tisch – und dann dürfen es plötzlich nur noch Nudeln pur sein. Auch das Müsli wird zerlegt und alles empört herausgeklaubt, bis nur noch Haferflocken übrig bleiben. Wenn Sie dann noch auf die Idee kommen, etwas komplett Neues, dessen Bestandteile nicht eindeutig identifizierbar sind, zu kredenzen, ist das Geschrei groß. Auch Selbstessen schützt nicht vor Mäkeligkeit.

Parallel zur Beikostreife entwickeln sich die Selbstwahrnehmung und der eigene Wille Ihres Babys – es wird also quasi evolutionsbedingt Dinge ablehnen, die Sie ihm anbieten. Der Spielraum für wirklich selbstbestimmtes Handeln ist für ein Baby oder Kleinkind nicht allzu groß. Da ist es doch nur verständlich, dass es jede sich bietende Gelegenheit nutzt, um auch mal dagegenzuhalten und selbstwirksam zu agieren – und sei es über die täglich eingeforderte Menge trockener Nudeln ohne Soße.

Während Kinder im Alter von rund sechs Monaten noch nahezu alles probieren, wird die Auswahl ab dem 18. Lebensmonat immer enger. Das angebotene Essen wird kritisch beäugt und erst gar nicht in den Mund genommen. Gerade die Geschmacksvarianten sauer und bitter werden abgelehnt.[15] Dass Süßes und Salziges, aber vor allem auch fett- und eiweißreiche Nahrung bevorzugt wird, resultiert noch aus vergangenen Zeiten, in denen uns Nahrung nur eingeschränkt zur Verfügung stand. Auch bei unserem heutigen Nahrungsüberangebot reagiert der Körper noch so, als ob es bald nichts mehr geben könnte – wir Erwachsenen langen deshalb ebenfalls bei süßen, salzigen und fettigen Speisen schnell über das nötige Maß hinaus zu.

Die Neophobie, die Angst vor neuen, unbekannten Dingen, wie hier Lebensmitteln, hat einen wichtigen evolutionsbiologischen Hintergrund. Sie bewahrte die Steinzeitkinder vor Vergiftungen, wenn sie ihr Essen in freier Natur direkt vom Baum oder Strauch pflückten. Mit zunehmendem Kleinkindalter verstärkt sich die Neophobie. Oft sind Kinder erst mit acht bis zwölf wieder experimentierfreudiger beim Essen – bleiben Sie also gelassen!

Tipps für besonders anspruchsvolle Esser

- Bieten Sie Ihrem Kind abgelehnte Nahrungsmittel immer wieder mal an. Es braucht oft über zehn Kontakte, bevor es diese überhaupt nur probiert.
- Essen Sie als gutes Vorbild ebenfalls davon. Das, was wir verzehren, ist aus Sicht der Kinder »sicher«.
- Auch Geschwister oder andere Kinder können zum Essen neuer Dinge animieren.
- Akzeptieren und respektieren Sie die Abneigungen Ihres Kindes.
- Setzen Sie weder Druck noch Belohnungen à la »Wenn du den Brokkoli isst,

bekommst du ein Gummibärchen hinterher« als Mittel zum Zweck ein.

- Probieren Sie andere Zubereitungsformen aus. Sie müssen aber weder Nahrungsmittel irgendwo untermogeln, noch aus Gemüse kunstvoll kleine Tiere schnitzen.
- Beziehen Sie Ihr Kind in die Zubereitung der Speisen mit ein. Beim gemeinsamen Kochen macht das Probieren oft mehr Spaß.
- Haben Sie Geduld und verbringen Sie die Mahlzeiten mit Ihrem Kind in schöner Atmosphäre. Und keine Sorge: Auch extrem wählerische Kinder entwickeln sich genauso schnell wie »unkompliziertere« Esser, wenn sie mengenmäßig ausreichend essen.[16]
- »Tricks« wie Ablenken mit Fernsehen oder die Zugabe von Zucker, um abgelehnte Lebensmittel »schmackhafter« zu machen, sind tabu.
- Zwingen Sie Ihr Kind niemals zum Essen. Denken Sie mal an etwas, was Sie *wirklich nicht* mögen. Vielleicht Innereien-Sülze? Jetzt stellen Sie sich vor, dass Ihnen jemand eine große Portion serviert und von Ihnen verlangt, mindestens 18 Löffel davon für Ihre Mutter, Ihren Vater, diverse Großeltern, Onkel und Tanten zu essen, weil das nun mal wichtig und gesund für Sie sei. Weil man sich jetzt die Mühe gemacht habe, das zuzubereiten und obendrein dürften Sie andernfalls nicht wieder vom Tisch aufstehen …

Anjas Mutti-Notiz:

In unserer Familie ist das zweite Kind der wählerische Esser. Während gefühlt alle Mütter um mich herum Kinder haben, die herzhaft an Oliven lutschen, strenge Käsesorten verzehren und Gemüsesauce am liebsten bunt und stückig mögen, seziert meine Tochter alle Bestandteile auf dem Teller und viele Dinge werden gleich komplett verbannt. Da aber sowohl das erste als auch das dritte Kind eher aufgeschlossen gegenüber neuen Nahrungsmitteln sind, können wir das selektive Essverhalten unserer Zweitgeborenen gelassen betrachten. Denn den entspannten breifreien Beikostweg sind wir mit allen drei Kindern gegangen. Sie hilft übrigens gerne beim Kochen, egal, was es gibt. Statt dem zubereiteten Gemüseauflauf bekommt sie dann halt Kartoffeln und Gemüse in eindeutig identifizierbarer Version.

Warenkunde: Einkauf und Saisonkalender

Biologisch, regional und saisonal

Haben Sie vielleicht einen Biomarkt in Ihrer Nähe? Der Weg dorthin lohnt sich – vor allem für Ihr Kind! Es ist absolut ratsam, auf Erzeugnisse aus biologischer Landwirtschaft zurückzugreifen, da bei konventionellem Obst- und Gemüse-Anbau meist allzu schwungvoll mit Pflanzenschutzmitteln verfahren wird. Rückstände dieser Pestizide finden sich dann auf den Früchten und der beständige Verzehr derselben kann den Hormon- und Immunhaushalt beeinträchtigen, das Nervensystem schädigen oder sogar begünstigend für Krebserkrankungen sein. Obst und Gemüse sollte obendrein möglichst aus der Region kommen – dann haben die Produkte keine langen Transport- und Lagerzeiten hinter sich, was sich bei der Frische bemerkbar macht. Nebenbei arbeiten Sie so auch noch an Ihrer CO2-Bilanz!

In unserem Saisonkalender (s. Seite 29) finden Sie eine ungefähre Übersicht, welche Feld-, Garten-, Wald- und Baumfrüchte bei uns aus hiesigem Anbau erhältlich sind. Viele Biohöfe bieten sogenannte Biokisten an, in denen den Abonnenten regelmäßig frisches Obst und Gemüse direkt nach Hause geliefert wird. Es macht aber auch großen Spaß, auf dem (Bio-)Wochenmarkt die Anbieter über die saisonale Sortenvielfalt und den entsprechenden Anbau auszufragen. Die meisten freuen sich über Interesse, das über »Schmecken die Tomaten gut?« hinausgeht.

Kaufen Sie wirklich nur das, was Sie auch brauchen und verarbeiten. Gerade bei scheinbar sehr billigen frischen Lebensmitteln wird oft zu großen Mengen gegriffen, die dann im Obst-und Gemüsekorb vor sich hinwelken. Frische Lebensmittel sind am empfehlenswertesten, wenn diese in guter Qualität vorliegen und schnell verarbeitet werden. Obst und Gemüse verliert aber bei längerer und unsachgemäßer Lagerung schnell viele Vitamine und Nährstoffe. Setzen Sie also lieber auf Qualität statt Quantität.

Lorettas Mutti-Notiz:

Kennen Sie solche violetten Möhren wie auf dem Foto oben? Purple Haze heißt die bekannteste Sorte. Seit ich die bei uns im Biomarkt entdeckt habe, gibt es bei uns zur Begeisterung vor allem der minderjährigen Beteiligten gerne mal lila Gemüsebrühe mit ebenso gefärbten Griesklößchen – die Biester geben nämlich beim Garen ordentlich Farbe ab. (Übrigens auch an die Hände, also beim Waschen und Zubereiten Handschuhe tragen!)

Ein Einkaufstipp: Möhren, Sellerie und Rote-Bete-Knollen sind oft auch mit ihrem Blattgrün zu finden – einem Merkmal für ihre Frische, denn bei Lagerware wird das Grün sinnvollerweise entfernt. Klein geschnittenes Möhren- oder Selleriegrün können Sie wie Kräuter in eine Suppe geben (z. B. in unseren Gemüsefond, s. Seite 70), die zarten, kleinen Rote-Bete-Blätter in einen Salat mischen oder beim Gemüse mit verwenden.

Saisonkalender

Januar – Februar – März

Grünkohl, Rosenkohl, Schwarzwurzeln, Pastinaken, Steckrüben, Topinambur, Chicorée.
Folgende Obst- und Gemüsesorten, die sich lagern lassen, bereichern das Angebot: Möhren, Weißkohl, Rotkohl, Knollensellerie, Winterkohlrabi, Gelbe Rüben, Rote Bete, Meerrettich, Kartoffel, Kürbis, Äpfel, Birnen.

April – Mai

Rhabarber, Bärlauch, Spargel. Ab jetzt und über diese Zeit hinaus: junger Blattspinat, Frühlingszwiebeln, Mangold, Feldsalat, junge Möhren, Radieschen, Zuckerschoten, Rucola, Blattsalat, Lollo Rosso, Salatgurken, Erdbeeren.

Juni

In etwa Saisonbeginn für: dicke Bohnen, Erbsen, frischen Knoblauch, Freilandkohlrabi, Blumenkohl, Eisbergsalat, Radicchio, Tomaten, Stangensellerie, Brokkoli, Fenchel, Salatgurken, neue Kartoffeln, Spinat, Süßkirschen, Stachelbeeren.

Sommer ist Hauptsaison für Obst und Gemüse!

Juli

Nun gibt es auch grüne Bohnen, Lauch, Zucchini, Portulak, Sauerkirschen, Heidelbeeren, Himbeeren, Johannisbeeren aus regionalem Angebot.

August

Auberginen, Tomaten, Paprika und Zucchini sind in dieser Zeit am geschmacksintensivsten. Genießen Sie auch Zuckermais, Pfirsiche, Nektarinen, Brombeeren, Mirabellen, erste frisch gepflückte Äpfel, erste Pflaumen und Zwetschgen.

September
Jetzt gibt es wieder Schwarzwurzeln, Spinat, weiße und rote Zwiebeln, Endivien, Maronen, Haselnüsse, es beginnt die Pilz- und Traubensaison, immer noch werden Pflaumen, Zwetschgen und Äpfel geerntet.

Oktober
Unterschiedlichste Kürbisse werden jetzt aus regionaler Ernte angeboten, Pastinaken, Topinambur und Walnüsse. Weiterhin gibt es Äpfel und Birnen in großer Sortenvielfalt, Quitten und Weintrauben.

November
Zeit für Maronen, Rosenkohl, Grünkohl und Wirsing.

Dezember
Petersilienwurzeln sind frosthart und werden im Dezember noch frisch geerntet, außerdem Topinambur, Schwarzwurzeln, Steckrüben, Winterrettich, Pastinake, weiterhin Rosenkohl, Grünkohl und Wirsing.

Fleisch

Es empfiehlt sich grundsätzlich, Fleisch beim Metzger oder Schlachter Ihres Vertrauens bzw. an der Fleischtheke im Biomarkt zu kaufen.
Ob das Fleisch zart ist, hängt fast ausschließlich von der Fleischqualität ab. Natürlich können Sie theoretisch auch ein gutes Steak so lange braten, bis es trocken wird. Aber selbst bei gekonntester Zubereitung kann ein zähes Stück Fleisch nicht in ein zartes Steak verwandelt werden. Neben der Zubereitung beim Kochen spielen Faktoren wie Schlachtung und Reifung des Fleisches (durch ausreichendes Abhängen) für das Endprodukt eine große Rolle.
Bei abgepacktem Fleisch aus dem Supermarkt sind bei aller Kennzeichnungspflicht Informationen über den Reifeprozess, die Fütterung und Haltung des Tieres sowie die Schlachtung schwer ersichtlich.
Beim Metzger jedoch kann man Fragen stellen nach der Herkunft und Haltung des geschlachteten Tieres und darüber hinaus über die Eignung für die vorgesehene Zubereitungsart.

Fisch

Achten Sie hier ebenso unbedingt auf Qualität und Frische und kaufen Sie am besten bei einem Fischhändler oder auf dem Markt. Auch hier ist es wichtig, Fragen zu stellen: Handelt es sich um Ware aus artgerechter Haltung bzw. nachhaltigem Fang? Wie wurde bei Aufzucht in Aquakultur gefüttert? Wurden Antibiotika eingesetzt? Aktuelle Informationen darüber, welche Fischarten bzw. Bestände noch empfehlenswert sind, finden Sie wie schon früher erwähnt im jährlich erscheinenden Fischratgeber von Greenpeace.
Bei Tiefkühlfisch gibt es als Orientierungshilfe verschiedene Gütesiegel bzw. Zertifikate, die über Herkunft, Haltung und Fütterung Auskunft geben: das »Marine Stewardship Council« (MSC) zertifiziert

z. B. nachhaltige Wildfischereien, unter den Siegeln von »Global G.A.P.« und »Aquaculture Stewardship Council« (ASC) gibt es Ware aus ökologisch unbedenklicher Aquakultur.[17]

Milchprodukte

Gerade bei Milchprodukten sollte der Griff zur Bio-Ware die Regel sein. Hier geht es wie auch bei Fleisch und Fisch nicht nur um die Inhaltsstoffe, sondern auch um die Haltung der Tiere. Bio-Milchprodukte aus der Region haben außerdem nicht den Nachteil langer Transportwege.

Eier

Der Stempel auf Eiern gibt Auskunft über die Haltungsform der Hühner, das Land, aus dem das Ei stammt und den Erzeugerbetrieb. Bei Eiern in Bioqualität findet sich am Beginn des Stempels auf dem Ei eine Null.

Die Angabe »Güteklasse A« auf der Verpackung sagt lediglich aus, dass die Mindestanforderungen für frische Eier im Handel eingehalten wurden, z. B. dass die Eier nicht abgewaschen wurden, was zur Beschädigung der Schale und damit zu verkürzter Haltbarkeit führen könnte.

Lagerung der Lebensmittel und Küchenhygiene

Im Kühlschrank

Oberstes Fach (etwa 8 bis 10°C):
Lang haltbare Lebensmittel, zubereitete Speisen, angebrochene Lebensmittel, Marmeladen und Käse.

Tür:
Butter, Brotaufstriche, Ketchup und Eier: Eine Schutzschicht (Cuticula) auf dem Ei verhindert das Eindringen von Bakterien. Dafür dürfen die Eier aber nach dem Legen nicht gewaschen worden sein. So können sie rund zwei Wochen ungekühlt gelagert werden. Danach müssen sie spätestens in den Kühlschrank. Wer nicht genau auf das Legedatum achtet, lagert die Eier am besten gleich gekühlt.

Mittleres Fach (etwa 5°C):
Milch und Milchprodukte: Frischmilch ist in der Regel homogenisiert und pasteurisiert und damit bis zu sechs Tage gekühlt haltbar. Bereits geöffnete Milch muss inner-

halb von zwei bis drei Tagen verbraucht werden. H-Milch kann bei Zimmertemperatur bis zu acht Wochen aufbewahrt werden. Einmal geöffnet, muss sie ebenfalls gekühlt und innerhalb von zwei bis drei Tagen verbraucht werden.
Frischmilchprodukte wie Joghurt, Sahne oder Käse gehören ebenfalls in den Kühlschrank. Bei Milchprodukten ist das angegebene Verbrauchsdatum als Mindesthaltbarkeitsdatum zu verstehen. Das heißt, dass diese in der Regel auch noch nach diesem Datum genießbar sind. Man sieht ihnen sehr deutlich an, ob sie Schimmel angesetzt haben, und stellt auch sauren Geruch leicht fest. Gerade bei noch nicht angebrochenen Bechern können Sie erst mal hineinschauen, bevor Sie entsorgend durchgreifen. Damit Milch und Milchprodukte nicht an Geschmack und Vitaminen verlieren, müssen sie immer abgedeckt und dunkel gelagert werden.

Unterstes Fach (etwa 2 bis 3°C):

Fleisch und Fisch sollten immer abgedeckt im kältesten Kühlschrankbereich gelagert werden. Aufgrund der hohen Gefahr einer mikrobakteriellen Verunreinigung sollten diese Produkte aber auch immer zeitnah verarbeitet werden.
Frischfleisch sollte am gleichen Tag, spätestens aber nach zwei Tagen verbraucht werden. Stark zerkleinertes Fleisch wie Hack stellt einen idealen Nährboden für Bakterien dar und sollte deshalb am Einkaufstag sowohl hergestellt sein als auch verwendet werden. Obiges gilt auch für frisch eingekauften Fisch – je frischer er beim Kauf ist, desto länger kann er aufbewahrt werden. Die Dauer hängt außerdem maßgeblich von der Lagertemperatur ab, die so kalt wie möglich sein sollte. Crushed Ice, welches der Fischhändler gerne mitgibt, sorgt für zusätzliche Kühlung.

Gemüseschublade (etwa 8 bis 10°C):

Obst und Gemüse verlieren bei unsachgemäßer Lagerung schnell Vitamine und Nährstoffe. Auch wenn der volle, bunte Obst- oder Gemüsekorb sehr dekorativ aussieht, sollten Sie beides nur in Mengen

einkaufen, die Sie auch zeitnah verbrauchen oder verarbeiten. Legen Sie Ihr Gemüsefach für eine höhere Luftfeuchtigkeit mit Küchenpapier aus. Frische Kräuterstängel sollten Sie in feuchtes Küchenpapier einschlagen.
Gemüse: Blumenkohl, Bohnen, Brokkoli, Erbsen, Fenchel, Möhren, Kohl, Lauch, Sellerie, Spinat, Kopfsalat, Kräuterstängel.
Obst: Avocado, Äpfel, Aprikosen, Birnen, Erdbeeren, Brombeeren, Kirschen, Kiwis, Nektarinen, Pflaumen.

Tiefkühlfach (-18 bis -20°C):
Tiefkühlung ist eine nährstoffschonende Aufbewahrungsmöglichkeit ohne größere Geschmacksverluste. In separaten Gefriertruhen sind Lebensmittel übrigens noch sehr viel länger haltbar als in den Tiefkühlfächern eines Kühlschranks. Auch fertige Gerichte, z. B. Suppen, lassen sich gut einfrieren. Kühlen Sie das Essen schnell herunter (etwa in einem Wasserbad mit Eiswürfeln) und füllen Sie es in geeignete verschlossene Gefäße oder Gefrierbeutel um. Beschriften Sie das Ganze mit Inhaltsangabe und Datum und dann ab ins Tiefkühlfach damit. Dort ist es, je nach Gericht, bis zu maximal acht Wochen haltbar. Sie können das Essen langsam erhitzen oder vorher im warmen Wasserbad auftauen. Einmal aufgetaute Lebensmittel dürfen aber nicht erneut eingefroren werden – frieren Sie deshalb lieber kleinere Portionen ein, am besten in Mengen für je einen bis zwei Esser.

Lorettas Mutti-Notiz:
Kleine Reste Kochsahne lassen sich – wie übrigens auch das letzte bisschen übrig gebliebener Wein – wunderbar im Eiswürfelbehälter einfrieren. In solchen Kleinstmengen perfekt zu verwenden für Soßen (der Wein natürlich nicht, wenn Sie für Kinder kochen!).

Einige Lebensmittel und Speisen lassen sich allerdings nicht so gut einfrieren. Dazu gehören Kartoffeln, Salat, Getreide, Milchprodukte (außer Sahne und Butter), Milchspeisen und Eier.
Unsere Tipps für die Vorratskammer und das Tiefkühlfach finden Sie auf Seite 38–39.

Bei Raumtemperatur aufbewahren
Obst: Ananas, Bananen, Mangos, Melonen, Orangen, Papayas, Zitronen.
Gemüse: Auberginen, Gurken, Paprika, Tomaten, Zucchini, Kartoffeln und Zwiebeln (diese kühl und dunkel lagern).

Nachreifung
Diese Obst- und Gemüsesorten reifen nach: Äpfel, Aprikosen, Avocados, Bananen, Birnen, Kiwis, Nektarinen, Pfirsiche, Pflaumen, Tomaten.
Äpfel, Avocados, Bananen, Birnen, Mangos, Melonen und Tomaten scheiden das »Reifungshormon« Ethylen aus, welches in der Nähe gelagerte Früchte schneller reifen,

aber auch wesentlich schneller verderben lässt. Deshalb sollten Sie diese Sorten extra lagern, es sei denn, eine gezielte schnellere Nachreifung ist gewünscht.

Küchenhygiene

Während übertriebene Hygiene im Haushalt mit Baby nicht notwendig ist, müssen beim Umgang mit Lebensmitteln, vor allem in roher Form, doch ein paar Punkte beachtet werden.

Es klingt banal, aber gründliches Händewaschen ist einer der wichtigsten Punkte. In der Küche sollte auf sauberen Arbeitsflächen gearbeitet werden. Putzlappen, Spülschwämme und Geschirrhandtücher, aber auch zerkratzte Brettchen sind gute Verstecke für Bakterien, die zu Lebensmittelinfektionen führen können. Tauschen Sie diese regelmäßig aus. Küchenutensilien, die Kontakt mit rohen Lebensmitteln haben, müssen nach Gebrauch in der Spülmaschine oder mit heißem Wasser und Spülmittel gereinigt werden.

Frische Lebensmittel sollten schnell verarbeitet, Obst und Gemüse müssen vor dem Verzehr gründlich mit kaltem Wasser abgewaschen werden. Bei in der Erde wachsenden Produkten wie Kartoffeln oder Möhren empfiehlt sich ein zweiter Waschdurchgang nach dem Schälen.

Für den Umgang mit frischem Fleisch und Fisch verwenden Sie separate Kochutensilien. Also bitte nicht mit dem Fischmesser noch das Brot aufschneiden!

Da Babys aufgrund ihres unausgereiften Immunsystems noch anfälliger sind für Infektionen, die durch Bakterien in Lebensmitteln verursacht werden, ist es wirklich wichtig, Eier, Fleisch und Fisch immer gut durchzugaren. Ausreichend langes Erhitzen bei entsprechend hoher Temperatur macht potenziellen Erregern den Garaus.

Es ist zwar wichtig, Hygieneregeln in der Küche zu beachten, aber keine Sorge – Sie müssen Ihr Essen nicht mit Haarnetz und Einmalhandschuhen zubereiten! Der Sand, den Ihr Baby auf dem Spielplatz verspeist, ist sicherlich auch nicht immer der sauberste …

Tipps und Tricks der breifreien Küche

Anmerkung zu den Rezepten

Wir haben versucht, die Mengen der jeweiligen Rezepte so zu berechnen, dass genug für zwei große Menschen und einen kleinen Essanfänger herauskommt – wenn Sie also alleine mit Ihrem Baby essen wollen, reicht in etwa die Hälfte der Zutaten. Entsprechend sollten Sie, falls noch mehr hungrige Kundschaft in Ihrer Küche herumlungert, die Angaben vervielfältigen. Oft lohnt es sich auch, gleich die doppelte Menge zuzubereiten – aus den Resten kann man etwas Neues für den nächsten Tag herstellen.
Einige Gerichte haben einen Vorlauf in der Zubereitung – den wir immer deutlich markiert haben. Manches muss, um besonders aromatisch zu werden, ein paar Stunden marinieren, anderes im Ofen vorgaren oder vor sich hinrösten … All dies sind dann aber einfache Arbeitsschritte, die sich leicht in den restlichen Tagesablauf einfügen lassen.

Wie sparsam Sie im ersten Lebensjahr Ihres Kindes mit der Gabe von Salz umgehen sollten (und vor allem warum!), erklären wir auf Seite 23, aber wir maßen uns nicht an, Ihnen diesbezüglich Vorschriften zu machen! Daher werden Sie immer nur Anregungen finden wie »falls gewünscht, mit Salz und Pfeffer abschmecken«. Sowohl beim Salz als auch bei eventueller Schärfe müssen Sie selbst entscheiden, wie Sie verfahren – manch eine(r) stellt grundsätzlich die Gewürze auf den Tisch, sodass man individuell »nachtunen« kann, andere würzen nur einen Teil des Gerichtes – seien Sie auch hier kreativ und experimentieren Sie, bis Sie »Ihren« persönlichen Weg finden.

Bei den »Süßen Experimenten« ab Seite 133 haben wir, weil wir ja Essensspaß für die ganze Familie anbieten wollen, auch leicht Gezuckertes im Programm. Hier gilt ebenfalls: Sie entscheiden, was Sie für richtig halten.

Die Gerichte und die vorgeschlagenen Kombinationen sollen nur eine Inspiration darstellen, eine Art gedankliches Trampolin, auf dem Sie herumhopsen können, wie Sie wollen – die tollsten und von allen Essern begeistert verputzten Mahlzeiten entstehen oft spontan und mit dem, was eben

gerade so im Haus ist – ob das nun in der Zutatenliste steht oder nicht.
Wenn eine Ihrer Abwandlungen oder Weiterentwicklungen besonders gut ankommt, notieren Sie sich das kurz. Zu ärgerlich, wenn einem *die eine Pastasoßenvariante*, die vom Kind euphorisch gefeiert wurde, nicht mehr einfällt, wenn man sie wieder braucht!
Kurz noch einige Erläuterungen zu zwei Rezeptbestandteilen, die häufiger vorkommen.

Lesen Sie »Öl zum Braten«, dann meinen wir Öle, die stark erhitzt werden können. Sonnenblumen-, aber z. B. auch Sesam- oder Erdnussöl haben einen hohen Rauchpunkt (wenn Öl anfängt zu rauchen, setzt es giftige Stoffe frei!). Auch raffiniertes Olivenöl ist eine gute Wahl. Außerdem natürlich Butterschmalz, also geklärte Butter, der das Wasser entzogen wurde.

Für viele Rezepte brauchen Sie Zitronenabrieb. Hier haben wir drei gute Tipps für Sie. Erstens: Zitronenschale lässt sich eingefroren besonders gut abreiben. Sie können sich also einen kleinen Vorrat im Tiefkühlfach anlegen, wenn Sie für ein anderes Rezept nur den Saft brauchen.
Sie können zweitens auch Abrieb selbst trocknen (unbedingt nur den gelben Teil der Schale, die weiße Haut darunter schmeckt bitter): einfach die »Ernte« von drei oder vier Zitronen auf einem mit Backpapier ausgelegten Backblech über Nacht bei Zimmertemperatur hart werden lassen und dann in ein sauberes Schraubglas füllen. Besonders gut lässt sich Zitrone mit der feinen Seite einer Vierkantreibe reiben.
Als Drittes noch eine blitzschnelle Abkürzung: Im Biomarkt oder Reformhaus finden Sie im Backregal Zitronen- oder auch Orangenabrieb aus der Tüte, z. B. von der Firma Biovegan.

Kleines Küchen-ABC

Küchenfachbegriffe, die in diesem Buch verwendet werden

Blanchieren: Mit kochendem Wasser überbrühen und anschließend in eiskaltem Wasser abschrecken, z. B. Tomaten.

Kochen: Garen von Nahrungsmitteln in reichlich siedender Flüssigkeit. Das Kochgut ist dabei vollständig mit Flüssigkeit bedeckt, z. B. beim Kartoffeleintopf.

Pochieren: Gar ziehen lassen in nicht mehr kochendem Wasser (65 bis 80°C, am besten Topf von der Herdplatte nehmen oder Flamme ausschalten), z. B. bei den Hirseklößchen oder Gnocchi.

Köcheln: Nachdem die Flüssigkeit den Siedepunkt erreicht hat, Hitze reduzieren, sodass sich nur noch wenige Bläschen an der Oberfläche bilden, z. B. bei den Daal-Gerichten.

Dämpfen: Garen über Wasserdampf im Siebeinsatz oder im Dämpfkörbchen (s. auch rechts).

Backen (Frittieren) in Fett: Speisen schwimmend in heißem Fett bei Temperaturen zwischen 160 °C und 180 °C in einer tiefen Pfanne oder Fritteuse goldbraun knusprig backen, z. B. Wiener Schnitzel.

Braten in der Pfanne: Relativ rasantes beidseitiges Braten von Portionsstücken, z. B. Hühnerbrust.

Braten im Ofen: Bratgut zuerst bei starker Hitze anbräunen und im Ofen fertig garen.

Backen: Garen im geschlossenen Backofen bei trockener Hitze oder bei Heißluft.

Gratinieren: (Nahezu) ganz gegarte Speisen mit z. B. Käse bedecken und im Ofen bei sehr starker Oberhitze überbacken.

Küchengeräte und Werkzeug

Folgendes wird benötigt, um alle Rezepte aus diesem Buch möglichst elegant und effizient zubereiten zu können:

- Herd mit mindestens zwei Kochfeldern
- Backofen, idealerweise mit Umluftfunktion
- Schüsseln und Schneebesen, Töpfe und Kochlöffel, Pfannen und Pfannenwender
- Hackbrett, großes Allround-Kochmesser, Ausbeinmesser, kleines Kochmesser
- Küchengabel, Schöpfkelle, Schaumlöffel
- Siebe in verschiedenen Größen
- Dämpfeinsatz (Dreibein) für einen Topf oder asiatisches Dämpfkörbchen, gibt es für wenig Geld im Asia-Markt, die Anschaffung lohnt sich sehr!

* Gemüseschäler, Kartoffelstampfer, Kartoffelpresse
* Knoblauchpresse
* Vierkant-Reibe
* Nudelholz (Palette und Teigkarte können ebenfalls sehr nützlich sein)
* Teigschaber
* Quicheform
* Backblech
* Springform (Kuchenform)
* Waage, Messbecher
* Stabmixer mit Zerkleinerer als Zubehör
* Einmachgläser mit Schraubdeckel

Tipps zur Vorratshaltung

Das alles können Sie zu Hause vorrätig haben:

Im Küchenschrank

* (Vollkorn-)Pasta in diversen Formen (besonders lebensrettend, weil in fünf Minuten gar: kleinste Formen wie Mini-Farfalle), Mie-Nudeln (asiatische Weizennudeln)
* Goldhirse, Polenta, Couscous
* Verschiedene Sorten Reis: Milchreis, Risotto, Basmati
* Getrocknete Kichererbsen, Bohnen, Linsen
* Getrocknete (Soft-)Tomaten
* Mehl: glattes und griffiges Dinkel- oder Weizenmehl, Buchweizenmehl
* Maisstärke
* Öl: Raps (schmeckt neutral), Sonnenblumenöl (zum Braten), Olive
* Weißer Essig, Balsamico-Essig
* Gewürze: Salz, Pfeffer, Muskatnuss, Zimt, Cayennepfeffer, Currypulver (finden Sie Ihre Lieblingsgewürzmischung), Kardamom, ganzer Koriander, Kreuzkümmel, Bockshornklee, Sumach, Fenchelsamen, Oregano, Thymian, Majoran, Bohnenkraut, Rosmarin, Paprikapulver, getrocknete Chili, getrocknete Lorbeerblätter, getrocknete Nelken
* Gemüsebrühe-Würfel (ohne Geschmacksverstärker, s. Seite 70)
* Backerbsen (aus dem Bioladen, ebenfalls ohne Geschmacksverstärker)
* Paniermehl
* Backpulver, Natron, Vanillepulver oder -schote
* Rosinen
* Zitronen- / Orangenabrieb (s. Seite 36)
* Haferflocken
* Hirseflocken
* Basismüsli
* Nüsse: Mandeln, Pinienkerne, Walnüsse
* Kokosmilch, besonders empfehlenswert ist hier die Sorte »Aroy-D«, da frei von Zusatzstoffen
* Reismilch
* Vorgegarte Maronen
* In Konservendosen und Gläsern: ganze Tomaten, stückige Tomaten, dicke Bohnen, schwarze Oliven, Kapern, Sardellen, Apfel-Mango-Mark (ohne Zucker), Birnenmus (ebenfalls ohne Zucker)

Im Gemüsekorb

- Knoblauch, Zwiebel, Ingwer, Kartoffeln

Im Kühlschrank

- Senf, fein und körnig
- Tomatenmark
- Vorgegarte Rote Bete
- Parmesan

Im Tiefkühlfach

- Diverses Obst und Gemüse, z. B. TK-Erbsen, -Bohnen, -Spinat, -Himbeeren, -Blaubeeren aus dem Biomarkt
- Blätterteig
- Ersatz-Butterstück (taut über Nacht im Kühlschrank wieder streichbar auf)

Auf der Fensterbank

- Frische Kräuter-Pflänzchen wie Basilikum, Rosmarin, Petersilie, Koriander …

Der Kochalltag mit Baby

Jetzt präsentieren wir Ihnen hier tolle Rezepte, während Sie in Ihrem Babyalltag manchmal kaum Zeit finden, sich auch nur eine Tasse Tee zu kochen, denken Sie? Sehen Sie es mal so: Bei herkömmlicher Beikost müssen Sie den Brei zubereiten oder aufwärmen, das Kind füttern und sich obendrein auch noch selbst etwas servieren. Für die breifreie Küche brauchen Sie immerhin nur Zeit für *eine* Mahlzeit. Denken Sie einfach etwas voraus! Regelmäßig aufgestockte Vorräte sorgen für genug Zutaten zur Zubereitung schneller Gerichte, falls strömender Regen Sie vom Einkaufen mit Baby abhält. Kochen Sie vor. Bei vielen unserer bausatzartigen Rezepte können Sie gleich etwas für den nächsten Tag mit vorbereiten.

Bestimmt gehen Sie ohnehin täglich mit dem Baby hinaus: Verbinden Sie das Ganze mit dem Einkauf für Ihre Essenswünsche, die Sie sich vielleicht schon beim Frühstück überlegt haben. Es ist oft ein besseres Gefühl, mit einem »Tagesauftrag« loszugehen, als ziellos im Park seine Runden zu drehen. Beginnen Sie rechtzeitig zu kochen, damit alle Beteiligten noch entspannt sind. Ein bereits hungrig quengelndes Baby wird sich zudem auch auf nicht viel anderes mehr als seine Milchnahrung einlassen.

An stressigen Tagen wählen Sie das Essen mit dem geringsten Aufwand oder Sie kochen am Abend, wenn der Partner wieder da ist. Oder essen Sie einfach unterwegs eine Kleinigkeit, von der Sie Ihrem Baby auch etwas anbieten können. Praktisch ist an solchen Tagen auch ein gut gefülltes Gefrierfach mit vorgekochtem Essen. Laden Sie Besuch ein, der Essen mitbringt oder während des Kochens Ihr Baby bespaßt. Es gibt viele Optionen, gutes Essen möglich zu machen. Beikost muss also auch in stressigen Babyzeiten nicht heißen: ein Gläschen fürs Baby und ein Butterbrot für Mama. Auch diese Tage kann es geben – gutes, abwechslungsreiches und vor allem leckeres Essen ist aber sicher die bessere Wahl.

Auch für Tage ohne Unterstützer gibt es Lösungen: in einem Tragetuch oder einer gut konzipierten Tragehilfe ist Ihr Baby angekuschelt und geborgen bei Ihnen, während Sie beide Hände zum Kochen frei haben. Besonders flexibel sind Sie, wenn Sie sich Ihren kleinen Tragling auf den Rücken binden. Von dort kann er Ihnen über die Schulter zuschauen und es steht nichts zwischen Ihnen und dem Herd.
Babys und kleine Kinder wollen gerne mitmachen. Topf und Schneebesen auf der Krabbeldecke machen kleine Köche glücklich. Schon sitzende Babys schauen gerne aus dem Hochstuhl heraus zu oder »helfen« sogar. Vielleicht brauchen Sie *dringend* jemanden, der für Sie mit dem Schneebesen auf den Messbecher haut oder prüft, ob drei Ihrer Tupperdosen ineinander passen?
Eine Spielküche steht übrigens anfangs am besten in der Küche und nicht im Kinderzimmer.
Gerade schon stehende Kinder lieben es, hier selbst parallel aktiv zu werden. Ein paar ungekochte Nudeln oder auch mal etwas Wasser zum »Suppe kochen« machen das Küchenspiel immer wieder neu interessant. Babys finden es auch sehr spannend, wenn man ihnen zeigt und erzählt, was und wie man da gerade kocht. Wichtig ist letztlich nur das Gefühl, von der Bezugsperson wahr- und ernstgenommen und nicht etwa ignoriert zu werden.
Es gibt übrigens tatsächlich Babys, die das typische Klackgeräusch der Breigläschendeckel automatisch mit Nahrungsaufnahme verbinden. Wenn Sie in Babys Beisein kochen, wird es schon bald das Klappern der Töpfe und den guten Essensgeruch damit verknüpfen, dass es nun wieder etwas Leckeres und Spannendes zu essen gibt. Welche Assoziation gefällt Ihnen persönlich besser? Das heißt natürlich nicht, dass ein Baby niemals Gläschenkost erhalten darf. Aber machen Sie sich klar, dass es sich hierbei um eine Konserve handelt, um Einheitsbrei mit Einheitsgeschmack. Haben Sie schon mal selbst einen Löffel probiert? Nichts für ungut – jetzt geht's aber endlich los mit den Rezepten!

Ran an die Töpfe

Die Rezepte

Alle Rezepte sind, falls nicht anders angegeben, für zwei Erwachsene und einen Essanfänger berechnet.

Frühstücksideen

Rührei

schnell

- 3 Eier
- 4 EL Sahne
- Evtl. 1 Prise Salz
- 1 EL Butter oder Öl

1 Eier, Sahne und Salz in einer Schüssel mit einem Schneebesen verquirlen und schaumig schlagen. Butter in einer beschichteten Pfanne schmelzen.

2 Eiermasse einfließen lassen. Bei mittlerer Hitze mit einem Kochlöffel rühren, bis die Eier cremig anstocken.

Frittata

- 4 Eier
- 300 g Zucchini, grob gerieben
- 25 g Parmesan, fein gerieben
- ½ Knoblauchzehe, zerdrückt
- Thymian
- Evtl. 1 Prise Salz, Pfeffer

1 Die Zucchini in eine Schüssel reiben, Parmesan, Knoblauch und Salz zugeben. Eier verquirlen und untermischen.

2 Öl in einer beschichteten backofenfesten Pfanne (ohne Kunststoff-Stiel!) erhitzen, Eier-Zucchini-Masse hineingießen und das Ganze für ca. 10 Minuten in den auf 180 °C vorgeheizten Backofen stellen. Vorsicht – der Pfannenstiel ist nun sehr heiß!

Omelette

- 3 Eier
- Evtl. 1 Prise Salz
- 20 g Butter oder Öl

1 Eier und Salz in einer Schüssel mit einem Schneebesen gut verquirlen. In einer beschichteten Pfanne Butter bzw. Öl erhitzen.

2 Die Eiermasse einfließen lassen und mit einem Kochlöffel ständig rühren, bis die Masse anfängt zu stocken.

3 Wenn sie ganz gestockt ist, die Pfanne am Stiel anheben, mit einem Pfannenwender vorsichtig an einer Seite unter das Omelett fahren, es zur Mitte zusammenschlagen und auf vorgewärmte Teller stürzen.

Variationen: Unter die rohe Eiermasse kann man für Rühreier wie Omelette Schinken, Speck, Tomatenwürfel, Käse, geröstete Pilze oder Kräuter rühren.

Tipp:
Ein kleiner Schuss Mineralwasser macht das Ganze noch fluffiger!

Chapatis
Indische Fladenbrote

- 250 g Mehl, am besten Type 1050 (Weizen oder Dinkel)
- Ca. 150 ml Wasser
- Evtl. 1 Prise Salz

1 Das Mehl mit zimmerwarmem Wasser und Salz zu einem geschmeidigen Teig verkneten und mindestens 30 Minuten ruhen lassen.

2 Den Backofen auf 250 °C vorheizen. Den Teig auf gut mehlierter Arbeitsfläche erst zu ca. 5 cm großen Kugeln formen und dann mit dem Nudelholz zu kleinen dünnen Fladen ausrollen (ruhig sehr viel Mehl benutzen, sowohl für die Hände beim Formen der Kugeln als auch für das Nudelholz, der Teig klebt sonst sehr schnell).

3 Auf ein gut gefettetes Blech legen. Auf der untersten Schiene im Backofen einige Minuten backen, wenden und die zweite Seite ebenso kurz backen, bis sich knusprigbraune Stellen bilden. Die fertigen Chapatis auf einem Teller stapeln und nach Wunsch mit Aufstrich bestreichen oder buttern.

Auf dem Herd

1 Wenn Sie mit Gas kochen, können Sie die Chapatis auch einzeln in einer kleinen, gusseisernen Pfanne auf dem Herd backen, das geht sogar fast leichter. Die Pfanne muss dann nur sehr heiß sein (Achtung, Kinder fernhalten!).
Von beiden Seiten blass backen, abschließend kurz direkt auf die Gasflamme legen. Bei dieser Variante fangen die Chapatis an, sich wie beim indischen Original, das direkt auf dem Feuer zubereitet wird, aufzuplustern.

2 Auch auf dem E-Herd funktioniert die Pfannenvariante, dann allerdings verbleiben die Chapatis bis zur Fertigstellung darin, bitte nicht auf die Herdplatte legen, dort backen sie nur an.

Info: Die Typzahl beim Mehl gibt Aufschluss darüber, wie viele Mineralstoffe darin enthalten sind: Bei Typ 1050 sind das noch 1050 mg, beim Typ 405 eben nur 405 mg pro 100 g Mehl. Je höher die Typenzahl, desto mehr Mineral- und Ballaststoffe sind noch enthalten. Auf Vollkornmehl steht meist keine Typenzahl mehr, weil hier das ganze Korn mit der Schale ausgemahlen wird, in der tatsächlich die meisten Mineralstoffe und Vitamine stecken.
Type 405, sozusagen der Klassiker, wird gemeinhin als »feines« oder auch »glattes« Mehl bezeichnet. Es gibt aber Type 405 auch »griffig«, was etwas grobkörniger bedeutet, quellfähig und für elastische Teige geeignet (z. B. unsere Gnocchis, s. Seite 66).
Mehl mit der Typzahl 1050 hingegen eignet sich wunderbar für Brotteig oder eben Chapatis.

Hirse mit Früchten

- 1 Tasse Hirse
- 2 Tassen Wasser
- Evtl. Kardamomkapseln
- Obst, Gewürze, Kräuter nach Wunsch
- Evtl. Nüsse und Honig für die Großen

Bay spezial: Ein tolles Übungsgericht für Löffel-Anfänger.

1 Die Hirse mit dem Wasser in einen Topf geben, falls vorhanden 2 bis 3 Kardamomkapseln zugeben, aufkochen.

2 Den Deckel abnehmen und bei kleinster Hitze etwa 15 Minuten weich quellen lassen.

3 Nach Geschmack Obst der Saison untermischen: z. B. grob geriebenen Apfel oder mit der Gabel zerdrückte Banane. Probieren Sie auch einen Hauch Zimt, im Sommer Beeren, im Herbst Orangenfilets, für große Esser geröstete Cashews, Mandeln und andere Nüsse, geriebenen Ingwer, Basilikum, Minze, gegarte Maronen, Honig … Ganz nach Ihren persönlichen Vorlieben.

Snacks & Fingerfood

Paprika-Feta-Oliven-Muffins

- 100 g Paprika
- 50 g Feta, zerbröselt
- 50 g Oliven, gehackt
- 170 g Mehl
- 1 kleine Frühlingszwiebel, in feine Ringe geschnitten
- 2 Eier
- 2 TL Backpulver
- 100 ml Wasser
- 3 EL Olivenöl

1 Paprika mit dem Sparschäler schälen und klein würfeln.

2 Mehl, Backpulver, Paprika, Feta und Oliven in eine Schüssel geben, verrühren.

3 Wasser, Öl und Eier mischen, zu den restlichen Zutaten geben, zu einem Teig verrühren.

4 In eingefettete Formen füllen und bei 180 °C im vorgeheizten Backofen ca. 30 Minuten backen.

Zitronige Hähnchen-Bälle

Für 24 Bällchen:

- 300 g Hähnchenbrustfilet
- 40 g Weißbrot oder Toastbrot
- Abrieb einer Zitrone (s. Seite 36)
- Saft einer halben Zitrone
- 1 kleines Ei
- 2 TL gemahlener Koriander
- 2 EL Mehl
- 3 EL Olivenöl
- Salz, Pfeffer
- Cayennepfeffer nach Geschmack

1 Hähnchenbrustfilet von Fett und Sehnen befreien, grob würfeln und im Zerkleinerer häckseln. Weißbrot ebenfalls im Cutter zu Krümeln verarbeiten. Fleisch, Brotkrümel, Zitronenschale und Saft mit dem Ei zu einem Teig verarbeiten. Mit Koriander, Salz, Pfeffer und Cayennepfeffer nach Geschmack würzen.

2 Aus der Fleischmasse 24 gleich große Bällchen formen. Das Mehl in eine Schüssel geben und die Bällchen darin wenden. Überschüssiges Mehl abschütteln.

3 Die Bällchen im heißen Öl 6 bis 7 Minuten bei mittlerer Hitze von allen Seiten braten, bis sie rundherum goldbraun sind.

Dazu passt z. B. Joghurt mit etwas Basilikumpesto oder frischem Bärlauch.

Arancini
Reiskugeln

Für 12 Kugeln zu je 50 g:

- 1 Grundrezept Risotto, s. Seite 94
- Öl zum Frittieren
- 2 Eier
- 150 g Weißbrotbrösel oder Paniermehl

1 Zuerst das Risotto zubereiten. Der Reis muss nicht unbedingt al dente sein, eher etwas weicher. Die ganze Flüssigkeit sollte vom Reis aufgenommen worden sein, sonst lassen sich die Arancini nicht formen.

2 Den Reis etwas abkühlen lassen, dann den Parmesan einrühren.

3 Den Reis zu gleichgroßen Kugeln formen. Besonders gut funktioniert das mit einem Eiskugelportionierer, falls Sie einen haben.

4 Für die Panade die Eier in einem tiefen Teller verquirlen. Die Brösel in einen weiteren Teller geben. Die Reisbällchen zuerst in Ei, dann in den Bröseln wenden und in einer ausreichenden Menge von 160 °C heißem Öl 4 bis 5 Minuten frittieren.

Variationen: Mischen Sie klein geschnittenes gegartes Gemüse, kleine Schinkenwürfel oder auch etwas Pesto unter.

Dazu passt z. B. Tomatensauce und für die Großen ein Blattsalat.

Zucchini-Muffins

- 150 g Zucchini, fein gerieben
- 170 g Mehl
- 2 TL Backpulver
- 50 g Parmesan, fein gerieben
- 2 Eier
- 2 TL Basilikumpesto
- 3 EL Olivenöl
- 100 ml Wasser
- Evtl. 1 Prise Salz

1 Mehl in eine Schüssel sieben, Backpulver, fein geriebene Zucchini und Parmesan zugeben und verrühren.

2 Wasser mit Olivenöl, Eiern und Basilikumpesto mischen, zu den anderen Zutaten in der Schüssel geben und zu einem Teig vermischen. Falls gewünscht, salzen.

3 In eingefettete Formen füllen und bei 180 °C Heißluft im vorgeheizten Backofen ca. 30 Minuten backen.

David sagt:
Sie können auch genauso gut übrig gebliebenes Risotto vom Vortag verwenden, wenn dieses nicht mit viel Butter zu cremig vollendet wurde.

Weizen-Hirse-Schnitten

einfach

- 60 g Ebly
- 2 bis 3 EL Hirseflocken
- Gemüsefond oder Wasser
- 2 Eigelb
- 1 kleine Schalotte, fein gewürfelt
- ½ Handvoll getrocknete Soft-Tomaten, klein gewürfelt
- 1 Handvoll Oliven, entsteint, gehackt
- 1 kleines Lorbeerblatt
- Olivenöl
- Evtl. Salz und Pfeffer

1 Topf mit Olivenöl bedecken, erhitzen und die Schalotten darin andünsten. Ebly beigeben und kurz mitdünsten. Hirseflocken unter Rühren einstreuen. Mit Wasser oder Gemüsefond aufgießen, aufkochen, Lorbeerblatt beigeben und nach Wunsch mit Salz und Pfeffer würzen.

2 Bei schwacher Hitze etwa 10 Minuten zugedeckt garen (das Ganze sollte nicht zu flüssig sein!), zeitweise umrühren, dann das Lorbeerblatt entfernen.

3 Eigelb, Tomaten und Oliven unter die Masse mischen, abschmecken und vom Herd ziehen. Die Masse auf ein mit Backpapier belegtes Backblech gleichmäßig etwa 1 bis 2 cm dick ausstreichen und erkalten lassen. In Portionen schneiden und in Olivenöl beidseitig anbraten.

Gebratene Polentascheiben

einfach

- 500 ml Wasser, Gemüsefond oder -brühe
- 1 EL Butter
- 130 g Polentagrieß, gelb oder weiß
- 3 EL Parmesan, gerieben
- Öl zum Braten
- Evtl. Salz

1 Flüssigkeit mit Butter in einem Topf aufkochen (falls Wasser, evtl. ein wenig salzen), den Grieß einfließen lassen, mit einem Kochlöffel glatt verrühren. Unter ständigem Rühren 3 Minuten kochen, Parmesan unterrühren.

2 Eine Kastenkuchen- oder Terrinenform mit Frischhaltefolie auskleiden, die heiße Masse einfüllen, mit einem Teigspatel glatt verstreichen.

3 Nach dem Erkalten stürzen, die Folie entfernen und den »Polentakuchen« in 1 cm dicke Scheiben schneiden. Öl in einer beschichteten Pfanne erhitzen und die Polentascheiben beidseitig knusprig braten.

Eignet sich wunderbar als Beilage, als Snack für zwischendurch mit Aufstrich (Avocado, Kürbis) oder als Topping für einen gemischten Salat – servieren Sie Ihrem Kind dann daraus einzelne Bestandteile wie Tomaten oder Gurke und dazu die Polenta.

Tipp: Die Masse auf einem Blech ausstreichen (1 cm dick) und nach Erkalten Rauten schneiden oder z. B. Sterne ausstechen.

Hirseklößchen

Größere Menge zum Einfrieren:

- 100 g Goldhirse
- 400 g Gemüsefond oder Wasser
- 60 g Magerquark
- 35 g feine Haferflocken
- 50 g Mehl
- 1 Eigelb von einem großen Ei (Gewichtsklasse L)
- Olivenöl
- 1 TL frische, klein gehackte glatte Petersilie
- 1 TL klein geschnittener Schnittlauch
- Muskatnuss
- Evtl. Salz und Pfeffer

1 Hirse in einen Topf geben, mit Flüssigkeit aufgießen (falls Wasser, evtl. leicht salzen). Zum Kochen bringen, Topf mit Deckel abdecken, auf kleinste Hitze reduzieren und ca. 15 Minuten garen, bis die Flüssigkeit vollständig eingekocht und die Hirse weich ist.

2 Magerquark, Haferflocken, Weißmehl, Eigelb und Olivenöl unter den Hirsebrei rühren. Kräuter beigeben und nach Wunsch mit Muskatnuss, Salz und Pfeffer abschmecken.

3 Aus der Masse mit 2 Esslöffeln Klößchen formen und diese in leicht gesalzenem Wasser pochieren, bis sie obenauf schwimmen. Herausheben und auf Küchenpapier abtropfen lassen.

Dazu passen z. B. Salat und Tomatensauce. Auch toll als Beilage oder als Baby-Snack zum Mitnehmen!

Saucen, Dips & Aufstriche

Vorrats-Tipp:
Ketchup hält, wenn man sauber gearbeitet hat, lange im Kühlschrank – gut und gerne drei Wochen.

Tomatensauce Grundsauce

- 1 kg vollreife Tomaten
- 2 Knoblauchzehen
- Olivenöl
- Evtl. etwas Salz und Cayennepfeffer

Falls Sie die Soße gleich verwenden:

- Frischer Oregano
- Frisches Basilikum nach Geschmack

1 Die Tomaten entstrunken, an der Unterseite leicht einritzen, blanchieren (also kurz in kochendes Wasser legen, s. Seite 57). Mit einem Schaumlöffel herausnehmen, häuten und würfeln.

2 Den Boden eines Topfes mit Olivenöl bedecken und erhitzen. Geschälte ganze Knoblauchzehen im Topf kurz anbraten, sodass sie noch keine Farbe nehmen. Tomaten dazu geben.

3 Bei kleiner Hitze 10 bis 15 Minuten köcheln lassen. Mit Salz und Cayennepfeffer abschmecken.

Tipp: Falls Sie Vorrat kochen, die Soße ohne Kräuterbeigabe noch heiß in sterilisierte Schraubgläser füllen und im Kühlschrank aufbewahren. Hält locker 3 bis 4 Tage! Auch portionsweises Einfrieren ist hier problemlos möglich.

Tomatenketchup

Für 1 l Ketchup

- 1 l passierte Tomaten
- 1 Zwiebel, fein gewürfelt
- 1 Knoblauchzehe
- 1 EL Tomatenmark
- ½ rote Chilischote, falls gewünscht
- Saft einer halben Zitrone
- 4 EL Olivenöl
- 1 TL Zimt
- 2 TL Currypulver
- 1 EL Salz
- Majoran, Thymian, Rosmarin

1 Olivenöl in einem Topf erhitzen. Geschälte, gewürfelte Zwiebel darin glasig andünsten, immer wieder umrühren. Dann geschälten und in Scheiben geschnittenen Knoblauch, entkernte, in feine Scheiben geschnittene halbe Chilischote und die Kräuter dazugeben, umrühren. Tomatenmark kurz mit rösten.

2 Mit Zitronensaft ablöschen, passierte Tomaten und Gewürze zugeben. Salzen und unter Rühren fünf Minuten leicht köcheln lassen.

3 Mit dem Stabmixer sämig mixen. Nochmals kurz leicht köcheln lassen.

4 In zuvor heiß ausgespülte Einmachgläser füllen und diese fest verschließen.

Cremige Paprikasauce

- 3 rote Paprika
- ½ Zwiebel, fein gewürfelt
- 1 Knoblauchzehe, in Scheiben geschnitten
- Ca. 1 cm dicke Scheibe Ingwer, fein gehackt
- 1 EL Tomatenmark
- 1 EL Crème fraîche
- Evtl. Salz und Pfeffer
- Wasser oder Gemüsefond

1 Paprikaschoten waschen, säubern, in Stücke schneiden. Topfboden mit Olivenöl bedecken, erhitzen, Paprikastücke anbraten, dann Zwiebeln zugeben und beides unter Rühren weich garen.

2 Ingwer und Knoblauch dazugeben, kurz anbraten, Tomatenmark hinzufügen, alles verrühren und mit so viel Wasser oder Gemüsebrühe aufgießen, dass die Paprika gerade bedeckt sind.

3 Bei mittlerer Hitze 10 bis 20 Minuten köcheln lassen. Mit dem Stabmixer zu einer feinen Sauce pürieren und mit Crème fraîche vollenden. Nach Geschmack salzen und pfeffern.

Passt toll zu Fleisch (gebratene Hühnerbrust, Hackfleisch, Tafelspitz …), aber z. B. auch zu den Kartoffelwedges.

Joghurtsauce

schnell

- 200 g Joghurt, Ziegenjoghurt, Schmand oder Sauerrahm
- ¼ Knoblauchzehe, gepresst
- Kräuter nach Geschmack: Thymian, Koriander, glatte Petersilie, Schnittlauch …
- Evtl. etwas Salz
- 1 EL Pflanzenöl

1 Alle Zutaten vermengen. Für Ihr Kind die Kräuter bitte sehr klein hacken, bei vollkommenen Essanfängern besser einen kleinen Teil ohne Kräuter abzweigen.

2 Ein pflanzliches Öl, z. B. aus Raps oder Leinsamen, liefert noch wertvolle Fettsäuren und Vitamine – einfach etwa einen Esslöffel davon untermischen. Auch etwas Basilikumpesto passt gut.

Tipp: Zu Pfannkuchen, Wedges, Kartoffelküchlein, Rösti oder auch allem anderen reichen, was Ihnen sinnvoll erscheint.

Baby spezial:
Für Essanfänger bis 1 Jahr nur in kleinen Mengen als Dip anbieten, s. Seite 20.

Avocadoaufstrich

schnell

- 1 bis 2 Avocados
- Etwas Zitronensaft
- Evtl. etwas gepresster Knoblauch, Salz und (Cayenne-)Pfeffer

1 Die Avocado halbieren, die Steine entfernen und das Fruchtfleisch mit einem Löffel aus der Schale lösen.

2 Die Avocados in eine passende Schüssel geben und mit einer Gabel zerdrücken. Mit etwas Zitronensaft und falls gewünscht mit Knoblauch, Salz und Pfeffer abschmecken. Nochmals gut vermischen. Die Avocado verfärbt sich relativ schnell bräunlich, also am besten nur kleine Mengen zubereiten und frisch genießen.

Tipp: Falls doch ein Rest übrigbleibt, in eine Schüssel füllen, glattstreichen, eine dünne Schicht Olivenöl darübergeben und ein Stück Frischhaltefolie direkt darauflegen. So sollten Sie noch am nächsten Tag Spaß daran haben!

Apfelmus

- 500 g entkernte, ungeschälte Äpfel
- 100 ml Wasser

1 Wasser in einen kleinen Topf gießen und die in kleine Stücke geschnittenen Äpfel zugeben. Etwa 10 Minuten zugedeckt mit Deckel weich dünsten.

2 Die Äpfel mit dem Stabmixer zu einem Mus pürieren.

Tipp: Wunderbar als Pfannkuchenfüllung, als Marmelade auf Brot, zu Joghurt, Milchreis oder auch mit geriebenem Meerrettich versetzt zum gekochten Tafelspitz. Birnenmus kann auf dieselbe Art und Weise hergestellt werden.

David sagt:
Je besser die Äpfel, desto besser schmeckt das Mus. Ich verwende gerne, wegen ihres leicht süß-säuerlichen Geschmacks, die oft in Bioqualität angebotene Sorte Topaz.

Rote-Bete-Aufstrich

schnell

Einfachste Variante

- 250 g Rote Bete
- 2 bis 3 TL Marinade aus dem Rote-Bete-Salat Seite 114

1 Die Rote Beete kochen und zerkleinern wie auf Seite 114 beschrieben. Mit ein paar Teelöffeln der salateigenen Marinade im Zerkleinerer zu einem cremigen Püree mixen.

Mögliche weitere Zutaten:

- 100 g Quark, Ricotta oder Humus
- ½ fein gewürfelte Zwiebel
- 2 EL Sonnenblumenöl

Bei Verwendung von vorgegarter Roter Bete außerdem:

- 1 EL Zitronensaft
- Etwas Meerrettich, frisch gerieben oder aus dem Glas
- Evtl. etwas Salz und Pfeffer

1 Rote Bete, Zwiebel, Öl und Zitronensaft im Zerkleinerer zu einer glatten Creme pürieren.

2 Falls gewünscht, Quark, Ricotta oder Humus einrühren und nach Geschmack mit Meerrettich, Salz und Pfeffer würzen.

Kürbisaufstrich

- Gewünschte Menge Butternuss- oder Hokkaidokürbis (900 g Hokkaido ergibt ca. 500 ml Aufstrich)
- Gewürze nach Geschmack: etwas Olivenöl, Zitronensaft, Kurkuma, Muskatnuss, ein TL Ihrer Lieblingscurry-Mischung, Salz und Pfeffer …

1 Den Butternusskürbis geschält, den Hokkaido-Kürbis ungeschält in Stücke schneiden (s. Tipp Seite 121) und im Ofen bei 250 °C auf einem mit Backpapier ausgelegten Blech weich braten. Je nach dem, wie groß der Kürbis ist und in wie große Stücke er geteilt wurde, dauert das 10 bis 20 Minuten. Zu weich kann der Kürbis nicht werden, irgendwann nimmt er nur zu viel Farbe an, wenn er zu lange im Ofen lungert.

2 Die weichen Kürbisstücke vom Blech nehmen, in einer geeignet großen Schüssel mit einer Gabel zerdrücken und mit den gewünschten Gewürzen abschmecken.

David sagt:

Übrigens: Der Aufstrich macht sich auch hervorragend als Füllung für große Nudeln oder Pfannkuchen! Und noch ein Tipp für größere Esser: etwas Feta-Käse darüber bröseln.

Teige & Teigwaren

Baby-Gnocchi

Für eine große Menge zum Einfrieren:

- 500 g mehlige Kartoffeln, roh und geschält
- 3 Eigelb
- 200 g griffiges Mehl, Typ 405 (s. Seite 47)
- 40 g Grieß
- 40 g flüssige Butter
- Evtl. 1 Prise Salz

1 Geschälte Kartoffeln in gleich große Stücke schneiden und in leicht gesalzenem Wasser kochen. Nach dem Abseihen gut ausdampfen, evtl. bei 60 °C im Backofen (sonst wird der Teig zu weich und damit noch mehr Mehl erforderlich!) und idealerweise mit einer Kartoffelpresse passieren, andernfalls stampfen.

2 Die erkalteten Kartoffeln zuerst mit dem Eigelb vermengen und anschließend die restlichen Zutaten daruntermischen.

3 Den Teig sofort verarbeiten: Erst lange Rollen mit ca. 1 cm Durchmesser formen, dann in ca. 3 cm lange Stücke schneiden. Unsere »Gnocchi« sehen also eher aus wie Schupfnudeln, liegen dafür aber viel besser in kleinen Händen.

4 In nicht mehr siedendem, leicht gesalzenem Wasser pochieren, bis sie nach oben steigen – dann sind sie fertig.

Pizza

- 300 g Mehl (Weizen, Dinkel oder Vollkorn)
- 150 ml Wasser
- 10 g Hefe
- 1 EL Olivenöl
- Ca. 125 ml Tomatensauce
- Belag nach Geschmack

1 Stunde Vorlauf

1 Mehl in eine Schüssel wiegen und eine Mulde in der Mitte formen. Hefe in lauwarmem Wasser auflösen und zusammen mit dem Olivenöl in die Mehlmulde gießen. Zuerst mit einem Kochlöffel aus der Mitte heraus verrühren, dann mit den Händen ausdauernd und gründlich zu einem glatten Teig verkneten. Der Teig soll sich glatt und samtig anfühlen.

2 Zu einer Kugel formen, mit Mehl bestäuben und mit einem Geschirrtuch abgedeckt in einer Schüssel ca. eine Stunde gehen lassen.

3 Den Teig auf einer reichlich bemehlten Oberfläche mit einem Nudelholz ausrollen und auf ein Backblech mit Backpapier legen.

4 Die Tomatensauce auf dem Teig verstreichen und nach Geschmack belegen. Im auf 250 °C vorgeheizten Backofen 10 bis 15 Minuten backen.

David sagt:

Kürbis, Auberginen, Zucchini oder Paprika als Pizzabelag gare ich meist schon vorher im Ofen. Sie schwitzen dann auf dem Teig kein Wasser mehr aus.

Pfannkuchenteig

schnell

Für ca. 5 Stück:

- 250 ml Milch
- 125 g Mehl
- 1 Ei
- Evtl. 1 Prise Salz

1 Alle Zutaten mit dem Schneebesen zu einem glatten Teig rühren und in einer geeigneten Pfanne mit etwas Öl, z. B. Rapsöl, von beiden Seiten goldgelb backen.

Tipp: Füllen Sie die Pfannkuchen mit unseren Aufstrichen, Apfelmus, der Auberginenfüllung von Seite 90 …

Baby spezial
Experimentieren Sie mit der Darreichungsform: Mag Ihr Kind lange dünne gefüllte Stangen, oder vielleicht lieber von einer dickeren Rolle abgeschnittene kleine Schnecken-Stücke?

Buchweizenpfannkuchen

Für ca. 6 Stück:

- 100 g Buchweizenmehl
- 350 ml Wasser
- 1 TL Olivenöl
- Evtl. 1 Prise Salz

30 Minuten Vorlauf

1 Buchweizenmehl mit Wasser und Olivenöl in eine Schüssel geben, sorgfältig zu einem glatten Teig rühren. Nach Wunsch 1 Prise Salz dazugeben.

2 Wichtig ist hier, dass im Unterschied zu Weizen- oder Dinkelmehl die Quellzeit mindestens 30 Minuten beträgt. Der Teig kann aber auch mit noch mehr Vorlauf vorbereitet werden, ruhig bis zu drei Stunden, dann im Kühlschrank aufbewahren.

3 In einer Pfanne mit etwas Öl von beiden Seiten goldgelb ausbacken.

Trinksuppen

Gemüsebrühe
Fond

Für 1 l Fond:

- ★ 2 Kartoffeln, gewürfelt
- ★ 2 Zwiebeln, geviertelt
- ★ 2 Lauchstangen, in große Stücke geschnitten
- ★ 3 Möhren, in große Stücke geschnitten
- ★ 2 Selleriestangen, grob gehackt
- ★ 2 Tomaten, geviertelt
- ★ Etwas Salz

1 Das Gemüse in einen Topf geben. 1,5 l Wasser und wenig Salz zufügen und zum Kochen bringen. Die Temperatur reduzieren und 20 Minuten leicht köcheln lassen.

2 Durch ein Sieb in eine Schüssel gießen und das Gemüse mit dem Löffelrücken ausdrücken.

3 Den Fond noch heiß in saubere Schraubgläser füllen. Lässt sich im Kühlschrank etwa 6 Wochen aufbewahren.

Variationen: Je nach Jahreszeit möglich. Wenn Ihnen auf dem Markt z. B. Mairüben, Herbstrüben oder Teltower Rübchen begegnen, nehmen Sie zwei oder drei und dafür entsprechend weniger Möhren oder Selleriestangen.

Info: Am tollsten schmeckt natürlich der selbstgemachte Fond, aber falls Sie gerade keinen haben, ist auch mit Suppenwürfeln oder -pulver hergestellte Gemüsebrühe passend. Hierbei empfehlen wir allerdings ausdrücklich Produkte ohne Geschmacksverstärker, also Glutamat, Maltodextrin oder auch Hefeextrakt. Mit einem scharfen Blick aufs Kleingedruckte sind diese im Biomarkt oder Reformhaus relativ leicht zu finden. Achtung nur bei der Kennzeichnung »ohne künstliche Geschmacksverstärker«, das heißt nichts anderes als: »Wir verwenden dafür Hefeextrakt«! Das natürliche Glutamat im Hefeextrakt ist chemisch identisch mit den industriell hergestellten Geschmacksverstärkern.
Sie können aber durchaus auch Wasser benutzen – dann schmeckt die Suppe einfach etwas milder.

Vorratstipp:
Den Fond in Muffin- oder Eiswürfelförmchen füllen, abkühlen lassen, einfrieren, den Förmchen einzeln entnehmen und in Gefriertüten aufbewahren – so ist die Sache praktisch portioniert.

Baby spezial:
Ihr Baby können Sie so eine Suppe wunderbar aus dem Doppelhenkelbecher oder auch einfach aus einem dickwandigen kleinen stabilen Glas trinken lassen. Größere Kinder begeistern Sie zum Beispiel mit einer Backerbsen-Einlage oder je nach Gemüse auch mit etwas geriebenem Parmesan.

Gemüsepüreesuppen

Grundrezept

- 2 EL Rapsöl
- ½ Zwiebel, geschält, fein geschnitten
- Gemüse nach Wahl, Mengen siehe unten
- 500 ml Gemüsefond oder Wasser
- Evtl. Salz und Pfeffer

1 Öl in einem Topf erhitzen, Zwiebel glasig dünsten, Gemüse beigeben und andünsten. Mit Gemüsefond oder Wasser aufgießen, alles gemeinsam weich kochen.

2 Die Suppe mit dem Stabmixer pürieren, falls gewünscht noch durch ein feines Sieb oder durch ein Handtuch passieren und nach Geschmack würzen. Auf Basis dieses Rezepts lassen sich verschiedenste Gemüsepüreesuppen herstellen.

3 Die Suppen können zum Schluss mit etwas Sahne (ca. ein halber Becher) verfeinert werden. Wenn Sie die Suppe dicker mögen – einfach den Gemüseanteil erhöhen.

Variationen

Kürbissuppe

- 350 bis 500 g Hokkaido-Kürbis, entkernt, grob gewürfelt
- Ingwer, etwas Zitronensaft, Muskatnuss

Rote-Bete-Suppe

- 300 g Rote Bete, geschält, klein geschnitten
- Etwas Zitronensaft, gemahlener Kümmel, geriebener Meerrettich
- Ein Klacks Sauerrahm auf jeden Teller angerichtete Suppe

Kartoffelsuppe

- 200 g Kartoffeln, mehlig, roh, klein geschnitten
- Etwas geriebene Muskatnuss

Möhrensuppe

- 300 g Möhren, geschält, in Scheiben geschnitten
- Etwas Ingwer

Selleriesuppe

- 300 g Knollensellerie, geschält
- Etwas geriebene Muskatnuss

Zucchinisuppe

- 300 g Zucchini, klein geschnitten
- Thymian, Knoblauch

Loretta sagt:
Da Karline von Anfang an dem Gefühl von breiigen Konsistenzen im Mund nichts abgewinnen konnte, kam ich relativ schnell auf die Idee, solche pürierten Suppen noch für sie durch ein feines Sieb zu passieren – ihre Begeisterung dafür rechtfertigt die Mühe und es springt obendrein für uns noch ein leckeres Gemüsepüree als Beilage für den nächsten Tag heraus.

Warme Hauptmahlzeiten

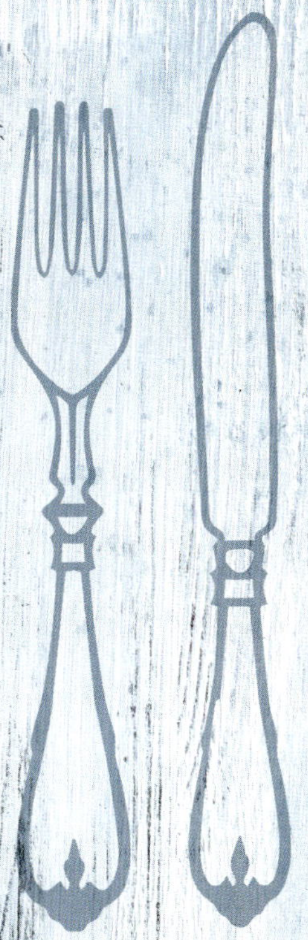

Rindersteak

schnell

- 2 Steaks à 200 g
- 1 EL Butterschmalz

1 Steaks brät man am besten in einer schweren Pfanne aus Edelstahl oder Gusseisen – sollten Sie darüber nicht verfügen, tut es auch eine beschichtete Pfanne. Fett zerlassen, das Steak beidseitig ganz kurz bei hoher Temperatur anbraten und dann die Hitze reduzieren.

2 Nach gewünschten Garstufen das Fleisch weiterbraten – für rare ca. 1 ½ Minuten auf jeder Seite (fühlt sich auf Druck schwammig an), medium rare 2 ½ Minuten (fühlt sich auf Druck gummiartig an), medium ca. 3 bis 3 ½ Minuten (fühlt sich elastisch mit deutlichem Widerstand an), a point ca. 4 Minuten (fast durchgebraten, fühlt sich recht fest an), well done 5 Minuten – das geht am besten im Ofen.

3 Nachdem es die gewünschte Garstufe erlangt hat, das Fleisch einige Minuten in Alufolie eingewickelt im vorgeheizten Ofen bei 60 °C ruhen lassen. Bei dieser Temperatur ändert sich die Garstufe nicht mehr, aber der Saft, der sich durch die Wärmeeinwirkung in der Mitte des Fleischstückes sammelt, verteilt sich nun wieder im gesamten Stück.

Hackfleischbällchen

- 2 Brötchen, gerne altbacken
- ½ klein gewürfelte Zwiebel
- 2 gepresste Knoblauchzehen
- 500 g Hackfleisch (Rind und Schwein gemischt oder auch Lamm)
- Öl oder Butterschmalz zum Braten
- 1 Ei
- Salz, Pfeffer
- Gewürze und Kräuter nach Belieben: z. B. Majoran, Thymian, Rosmarin …

1 Die Brötchen in Wasser einweichen, ausdrücken und im Zerkleinerer mixen. Zwiebel in einer kleinen Pfanne in heißem Öl anrösten, den Knoblauch dazugeben und vom Herd nehmen. Zum Hackfleisch in eine Schüssel geben und mit den anderen Zutaten verkneten. Zum Schluss würzen.

2 Am besten mit nasser Handfläche in gewünschte Form bringen. Entweder kleine Kugeln formen oder längliche »Würstchen« rollen – eine gut greifbare Variante vor allem für Essanfänger.

3 In einer flachen Pfanne Öl erhitzen, die Hackfleischbällchen einlegen und braun anbraten, wenden und auf der anderen Seite langsam fertig braten. Je nach Größe beträgt die Bratzeit zwischen 5 bis 8 Minuten. Ggf. in einer Auflaufform bei 60 °C im Ofen warmhalten.

Dazu passt z. B. Kartoffelstampf und gedünstetes Gemüse.

Reste-Tipp:
Übrig gebliebene Hackfleischbällchen können Sie am nächsten Tag klein gebröselt in eine Tomatensauce einrühren und zu Reis und Nudeln servieren.

Naturschnitzel

- 2 bis 3 Schnitzel zu je 150 g (Schwein, Kalb oder Huhn)
- Öl zum Braten
- 1 Prise Salz
- Etwas Mehl

Für die Soße:

- 125 ml Hühnerbrühe, Fond oder Rindsuppe
- 1 geh. EL Butter zum Binden

1 Schnitzel ca. 4 mm dünn plattieren. Das gelingt gut mit einem schweren Pfannenboden (s. Bild). An den Rändern leicht einschneiden. Beidseitig leicht salzen. Reichlich Mehl auf einen Teller sieben, Schnitzel mit plattierter Seite hineintauchen und abschütteln.

2 Öl in einer Pfanne erhitzen und Schnitzel mit bemehlter Seite hineinlegen. Rasant anbraten, etwas schwenken und dann wenden. Auf der zweiten Seite ebenfalls anbraten. Dann aus der Pfanne heben, mit Alufolie bedecken und warmstellen.

3 Fett aus der Pfanne abgießen, Flüssigkeit hineinfüllen, reduzierend aufkochen, bis sich der Bratensatz löst, dabei gut umrühren. Die Schnitzel mehrmals darin wenden, aber nicht mehr aufkochen.

4 Wieder herausnehmen, den Bratensaft ein letztes Mal aufkochen, kalte Butterstücke mit einem Löffel einrühren und dann die Schnitzel damit übergießen.

Schweinekotelett mit Kümmel und Knoblauch

- 2 Koteletts à 200 g
- Öl zum Braten
- 1 Prise Salz
- Etwas Mehl

Für die Soße:

- 1 Knoblauchzehe, gepresst
- 125 ml Hühnerbrühe, Fond oder Rindsuppe
- ½ TL Kümmel
- 1 geh. EL Butter zum Binden

1 Wie Naturschnitzel zubereiten und warm stellen.

2 Den Knoblauch in der Pfanne im Bratenrückstand kurz glasig dünsten. Mit Suppe oder Fond aufgießen, Kümmel hinzufügen. Bratensatz lösen, kalte Butterstücke einrühren, die angerichteten Koteletts damit übergießen.

Baby spezial:
Kurzgebratenes Fleisch wird von kleinen Essanfängern oft wie eine Art Lolli behandelt – schneiden Sie schmale Streifen und Ihr Kind wird höchstwahrscheinlich den Saft heraussaugen wie unsereins damals aus einer Tüte Caprisonne.

So zerteilen Sie ein ganzes Huhn

Wir empfehlen Ihnen ausdrücklich, ein ganzes Huhn, am besten aus bäuerlicher Freilandhaltung, zu kaufen – das ist nämlich, abgesehen vom moralischen Mehrwert Ihres Handelns, auch ein Tipp, der Ihre Haushaltskasse freut: In der Summe kommt es Sie so um Einiges günstiger, als wenn Sie nacheinander erst zwei Hühnerkeulen und dann zwei Hühnerbrüste einzeln kaufen würden. Dazu können Sie obendrein noch aus der Karkasse, also dem Gerippe, eine herrliche Hühnerbrühe kochen – also gleich noch ein Gericht, oder zumindest eine tolle Basis (Rezept S. 82).

Sie haben ordentlich Respekt vor dem eigenhändigen Zerteilen? Nur Mut: Mit einem küchenfertig ausgenommenen Huhn ist das wirklich nicht schwer!
Mit unseren verschiedenen Hühnerfleisch-Rezepten können Sie die Teile nun optimal verwerten: Entweder Sie kochen an aufeinanderfolgenden Tagen erst ein Hühnerkeulen-, dann ein Hühnerbrust-Gericht oder Sie frieren die nicht benötigten Stücke erst einmal ein. Die Brühe kochen Sie gleich und bewahren sie im Kühlschrank auf, so haben Sie noch bis zu 6 Wochen etwas davon. Und können ein bisschen stolz auf sich sein: Sie haben nachhaltig, vernünftig und sparsam zugleich agiert!

1 Küchenfertiges Huhn von außen und innen unter fließendem Wasser abspülen, eventuell verbliebene Innereienreste mit dem Messer auskratzen und herauswaschen.

2 Flügel jeweils vom Körper weg aufbrechen, hinter dem ersten Gelenk abschneiden.

3 Keulen etwas wegbiegen, Haut durchtrennen (Vorsicht: Falls sie bei der Hühnerbrust verwendet werden soll, nicht zu viel Brusthaut mitnehmen!), nah an den Rippen entlang weiter einschneiden. Keule ganz aufdrücken, bis das Kugelgelenk hervortritt. Dahinter, also mit Gelenk, abtrennen.

4 Nun bleibt noch das Brustfleisch: Direkt am Brustbein entlangschneiden (erst vorsichtig die Haut einritzen, dann kann man

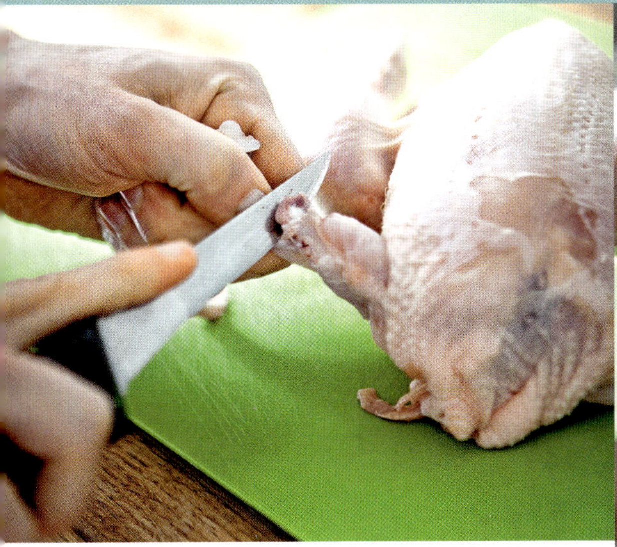

besser am Knochen entlang arbeiten), Fleisch nach und nach von den Rippen lösen, gerade nach unten bis zum Schlüsselbein (dort teilt sich das Brustbein V-förmig) und daran entlangschneiden. Flügelknochenrest in der Brust belassen, falls gewünscht, andernfalls jetzt heraustrennen.

5 Stücke eventuell von Fett, Sehnen oder Hautlappen befreien.

6 Nun können noch die Keulen zwischen Ober-und Unterschenkel geteilt werden, oder je nach Rezept von den Knochen gelöst werden.
Das, was bleibt, die Hühnerkarkasse also, können Sie noch etwas kleiner brechen und dann zusammen mit den Flügeln in den Topf geben – hieraus kochen Sie den schmackhaften Hühnerfond von Seite 82.

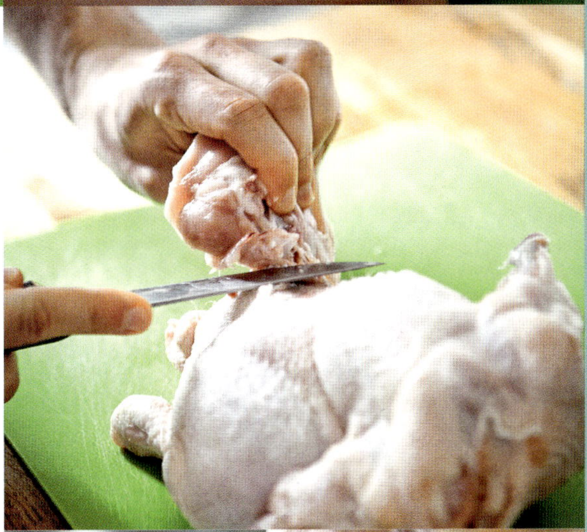

Gebratene Hühnerbrust mit zitroniger Thymian-Ingwer-Knoblauch-Butter

schnell

* 2 Hühnerbrüste
* Ca. 30 g Butter
* Abrieb und Saft einer Bio-Zitrone (s. Seite 36)
* 1 Knoblauchzehe, fein gehackt
* 3 dünne Scheiben Ingwer, fein gehackt
* 2 bis 3 Stiele Thymian, abgezupft
* Olivenöl zum Braten

1 Ausgelöste Hühnerbrust mit oder ohne Haut in einer Pfanne in wenig Olivenöl rundherum anbraten. Die Haut ordentlich mit Salz und Pfeffer würzen, kann nach dem Braten für das Kind entfernt werden.

2 Knusprig wird die Haut, wenn man die Hühnerbrust nach kurzem Anbraten mitsamt der feuerfesten Pfanne (ohne Kunststoffstiel) für 8 bis 10 Minuten in den Ofen schiebt, bei Umluftgrill und etwa 230 °C. Dann auf einen Teller legen und im (abgekühlten!) Ofen bei ca. 60 °C warmhalten.

3 Nun den Zitronensaft in die Pfanne geben, damit den Bratensatz lösen, dann die Butter schmelzen, die klein gehackte Zitronenschale und Ingwer, Knoblauch, und Thymian dazugeben, noch einmal ordentlich aufschäumen lassen und dann über die angerichtete Hühnerbrust gießen.

Hühnerfond Suppe

* Hühnerknochen (Karkasse) eines Huhnes
* 1,5 l Wasser
* 1 mittlere Zwiebel oder gleiche Menge Frühlingszwiebel
* 1 ganzer Knoblauch
* Abrieb einer halben Zitrone
* 1 dünne Scheibe Ingwer
* 1 Lorbeerblatt
* ½ TL Fenchelsamen
* 3 dünne Scheiben einer Chilischote

1 Hühnerknochen mit kaltem Wasser aufstellen und zum Kochen bringen. Den aufsteigenden Schaum mit einem Sieb abschöpfen.

2 Die restlichen Zutaten dazugeben und auf niedriger Hitze etwa 1,5 Stunden leicht köcheln lassen.

3 Danach den Hühnerfond durch ein geeignet großes feines Sieb abseihen.

Vorratstipp: Noch heiß in saubere Schraubgläser gefüllt, hält sich die Sache im Kühlschrank bis zu 6 Wochen.

David sagt:

Es gibt viele Varianten, den Fond zu würzen. Thymian und glatte Petersilie etwa passen gut. Auch Gemüse kann mitgekocht werden, z. B. Möhren oder Lauch. Zu beachten ist hier lediglich, dass der natürliche Geschmack des Huhns unterstützt und nicht übertönt wird.

Reste-Tipp:
Huhn und Paprika können Sie mit Reis, Tomaten, Oliven, etwas Balsamico-Essig und Öl zu einem Salat weiterverarbeiten.

Huhn in Paprikaschoten

einfach

- 2 Hähnchenkeulen mit Haut und Knochengerüst
- 3 Paprikaschoten, gelb und rot
- Evtl. 1 Prise Salz

1 Die Paprikaschoten säubern und in große Stücke schneiden. Die Hähnchenkeulen einmal teilen (am Gelenkknochen durchschneiden). Beides in einen kleinen beschichteten Topf geben – die Keulen sollen gerade genug Platz haben – und auf mittlere Hitze stellen.

2 Die ersten 10 Minuten immer wieder umrühren, damit nichts anhaftet. Dann aber lassen die Paprikaschoten ihren Saft austreten und man kann alles mit aufgelegtem Deckel bei schwacher Hitze etwa 30 Minuten garen lassen.

3 Zusammen mit dem Bratensaft der Keulen entsteht eine wunderbar süßliche, herbstfarbene Sauce, die mit Reis, Hirse, Couscous oder Baguette als Beilage aufgetunkt werden kann.

Die Haut der Paprika lässt sich nun ganz einfach ablösen – kleine Esser (und deren Verdauungssystem) kommen damit besser klar.

Ausgelöste Hühnerkeulen in Kokos mit grünem Masala

schnell

- 2 bis 3 ausgelöste Hühnerkeulen oder 2 gewürfelte Hühnerbrüste ohne Haut
- 200 ml Kokosmilch
- 2 bis 3 TL grünes Masala von Seite 110
- 2 Möhren

1 Hühnerfleisch in einer Pfanne (oder einem Wok) in Öl rasch anbraten, Masala dazugeben, durchschwenken und mit Kokosmilch aufgießen. Kurz einkochen lassen.

2 Währenddessen in Stifte geschnittene Möhren im Dämpfeinsatz oder Dämpfkörbchen gar dämpfen.

3 Zum Huhn geben, eventuell ein wenig salzen. Alles zusammen in einem tiefen Teller anrichten.

Dazu passt: Basmatireis oder Hirse.

Baby spezial:
Huhn ist ein tolles »Anfänger-Fleischgericht« – in kleinen Stückchen gegen die Faser geschnitten servieren, sonst hat Ihr Kind zu lange und irritierende »Fäden« im Mund.

Auf Gemüse gedämpftes Lachsfilet

schnell

- 400 g Lachsfilet
- 1 Fenchelknolle
- 3 bis 4 Möhren
- 1 Lauchstange, der weiße Teil
- Evtl. Salz und Pfeffer

1 Fenchel waschen, die braunen Stellen entfernen, entstrunken und in gut greifbare Stücke teilen. Möhren und Lauch ebenfalls säubern und in dünne Scheiben bzw. bis zum Grünansatz in Ringe schneiden.

2 Etwas Wasser in den Topf füllen, in den Ihr Dämpfeinsatz bzw. auf den Ihr Bambus-Dämpfkörbchen passt, zum Kochen bringen. Gemüse, falls gewünscht, mit wenig Salz und Pfeffer würzen, in den Einsatz oder das Körbchen füllen.

3 Lachs in 2 Stücke schneiden, evtl. beidseitig minimal mit etwas Salz und Pfeffer würzen. Auf das Gemüse legen und zugedeckt ca. 6 bis 8 Minuten dämpfen.

4 Eventuell nach Ablauf der Garzeit ein Stück Lachs vorsichtig herausheben und in der Mitte aufschneiden, um festzustellen, ob es durchgegart ist – die Garzeit variiert bei verschieden dicken Filetstücken.

Fischfinger

- 400 g Fischfilet, z. B. Lachs oder Kabeljau (s. Seite 21)
- Wantanblätter oder auch Filo- bzw. Yufka-Teig
- Öl zum Braten

1 Fischfilet in etwa stäbchengroße Streifen schneiden, Filo-Teig ebenfalls passend schneiden (Wantanblätter haben genau die richtige Größe).

2 Mithilfe eines Backpinsels mit Wasser den Teig gut anfeuchten und die Fischstücke darin einwickeln.

3 Reichlich Öl in einer beschichteten Pfanne erhitzen und die Fischstäbe knusprig backen. Auf Küchenkrepp abtupfen.

Dazu passt z. B. Kartoffelstampf, gedämpftes Gemüse und eine Würzpaste oder natürlich selbst gemachtes Ketchup (s. Seite 59).

Grünkernbratlinge

- 100 g Grünkernschrot
- ½ kleine Zwiebel, fein gewürfelt
- 350 ml Gemüsefond oder Wasser
- 2 Eigelb von kleinen Eiern
- 25 g Magerquark
- 30 g Parmesan, gerieben
- Ca. 1 geh. EL Weißbrotbrösel oder Paniermehl
- Olivenöl zum Braten
- 1 kleines Lorbeerblatt
- Evtl. Salz und Pfeffer

1 Fein gehackte Zwiebel im Olivenöl andünsten, Grünkernschrot dazugeben und mitdünsten. Mit dem Gemüsefond bzw. Wasser ablöschen, Lorbeerblatt beigeben und nach Geschmack mit Salz und Pfeffer würzen.

2 10 Minuten bei starker Hitze kochen, dann bei kleiner Hitze zugedeckt 30 bis 40 Minuten ausquellen lassen. Der Grünkern muss weich sein und die Flüssigkeit eingekocht.

3 Lorbeerblatt entfernen. Eigelb, Magerquark, Parmesan untermischen und abschmecken. Gleich große Bratlinge formen, in Bröseln bzw. Paniermehl wenden und in Olivenöl beidseitig goldgelb braten.

Dazu passt Salat oder Gemüse, Sauce oder Dip.

Tabouleh mit Hirse, Tomaten und Kräutern

Selbstlöffler

- 120 g Goldhirse (also geschälte Hirse)
- 750 g Tomaten, entspricht etwa 5 mittelgroßen
- Saft von ½ bis 1 Zitrone
- 2 Kardamomkapseln
- 1 bis 2 EL Olivenöl
- Evtl. etwas Salz und Cayennepfeffer
- Frische Kräuter nach Geschmack: Basilikum, Petersilie, Minze, Koriander

1 Hirse in 240 ml Wasser, also im Mischungsverhältnis 1:2, mit den Kardamomkapseln einmal aufkochen und dann auf sehr kleiner Hitze 10–15 Minuten fertig garen lassen.

2 Tomaten blanchieren und häuten (s. Seite 59), klein würfeln und in eine Schüssel geben. Reichlich sehr klein geschnittene Kräuter nach Geschmack beigeben. Falls »wählerische Esser« am Tisch sind, Kräuter extra dazu stellen.

3 Mit etwas Zitronensaft (die Menge hängt sehr vom Geschmack der Tomaten ab), Olivenöl, eventuell Salz und Cayenne-Pfeffer verfeinern. Abgekühlte Hirse beigeben und mit den anderen Zutaten vermengen. Vor dem Servieren noch 15 Minuten durchziehen lassen.

Pfannkuchen mit Auberginenfüllung

- 1 Rezept Pfannkuchenteig v. Seite 68

Für die Füllung:

- 4 kleine Auberginen
- 1 EL Olivenöl
- Abrieb einer halben Bio-Zitrone
- Etwas Zitronensaft oder auch Sumach
- Kreuzkümmel, Koriander, Bockshornklee, Cayennepfeffer nach Geschmack
- Parmesan zum Bestreuen

David sagt:

Sumach wird vornehmlich im östlichen Mittelmeerraum verwendet, sorgt für angenehme Säure und ist eine gute Alternative zu Essig oder Zitronensaft. Der Phantasie beim Abschmecken der Füllung sind keine Grenzen gesetzt – auch eine mediterrane Thymian-Rosmarin-Oregano-Variante wäre gut möglich. Die Auberginenfüllung können Sie übrigens auch als Aufstrich verwenden (besonders lecker auf Chapatis!), als Pastafüllung oder -sauce.

30 Minuten Vorlauf für die Füllung

1 Wenn Sie sich für Buchweizenpfannkuchen entscheiden, als erstes den Teig zubereiten, damit er quellen kann. Bei Weizenmehlpfannkuchen reicht es, den Teig herzustellen, wenn die Auberginen im Ofen sind.

2 Die Auberginen der Länge nach einschneiden (sonst platzen sie auf), in den auf 180 °C vorgeheizten Backofen auf mittlerer Schiene auf das Gitter legen und ca. 30 Minuten weich garen. Danach sehen sie aus wie auf dem Foto rechts.

3 Wenn die Auberginen weich sind, diese aus dem Ofen nehmen, kurz abkühlen lassen und die Schale entfernen – sie lässt sich jetzt sehr leicht abziehen. Die Aubergine in sehr feine Würfel schneiden oder grob würfeln und in der Küchen-Maschine oder mit dem Zauberstab sehr fein zerkleinern. Mit dem Olivenöl, Sumach, Korianderpulver, Kreuzkümmel, Bockshornklee, etwas Salz abschmecken.

4 Pfannkuchen ausbacken, zu etwa 2/3 mit der Füllung bestreichen, einrollen und mit Parmesan bestreut servieren.

Baby spezial:
Mit ein wenig Reis vermischt lässt sich das Curry auch gut mit den Fingern essen.

Kürbis-Curry

- 450 g Hokkaido-Kürbis, ungeschält gewürfelt
- 2 Zwiebeln, in Ringe geschnitten
- 4 bis 5 EL Öl
- Je 1 TL geriebener Ingwer und Mangopulver
- ½ gestr. TL Kreuzkümmel, gemahlen
- 1 Knoblauchzehe, zerdrückt
- Evtl. Cayennepfeffer
- ½ TL Salz

1 Kürbis ungeschält schneiden und klein würfeln (s. Tipp Seite 121).

2 Öl in einer großen Pfanne erhitzen, der Pfannenboden sollte gut bedeckt sein. Die Zwiebel dazugeben und unter gelegentlichem Rühren goldbraun braten. Die Kürbiswürfel 3 bis 5 Minuten bei geringer Hitze mitbraten.

3 Alle Gewürze und gegebenenfalls etwas Cayennepfeffer und Salz vermengen, die Mischung zum Kürbis geben und alles gut verrühren.

4 300ml Wasser zugeben und das Curry abgedeckt bei geringer Hitze ca. 15 Minuten köcheln lassen, dabei gelegentlich umrühren.

Dazu passt Reis oder auch Chapatis.

Zucchini-Curry

schnell

- 500 g Zucchini, in Scheiben geschnitten
- 2 Tomaten, in Scheiben geschnitten
- 4 bis 5 EL Öl
- 1 Zwiebel, fein gewürfelt
- 1 TL Ingwer, gerieben
- ½ Knoblauchzehe, zerdrückt
- 1 TL Bockshornklee-Samen, gemahlen
- Evtl. Cayennepfeffer
- Frische Korianderblätter

1 Boden einer großen Pfanne mit Öl bedecken und erhitzen. Zwiebel, Ingwer, Knoblauch, Evtl. etwas Cayennepfeffer in die Pfanne geben. Rühren, um alles gut durchzumischen.

2 Zucchinischeiben und Tomaten dazugeben und 5 bis 7 Minuten bei mittlerer Hitze unter ständigem Rühren anbraten. Bockshornklee zugeben und weiter unter ständigem Rühren braten, bis das Gemüse weich ist.

3 Auf Tellern anrichten und mit gehacktem Koriander nach Geschmack bestreuen.

Tipp: Bockshornklee und Mangopulver (Aamchor) gibt es im Biomarkt oder Reformhaus im Gewürzregal.

Kartoffel-Schmortopf mit Zitronen und Gemüse

einfach

- 2 kleine Zwiebeln, geschält, halbiert und in Scheiben geschnitten
- Saft und Abrieb einer Zitrone (s. Seite 36)
- 1 Zucchini
- 3 Möhren
- 300 g Kartoffeln
- 60 ml Olivenöl
- Ca. 200 ml Wasser oder Gemüsefond
- 2 Knoblauchzehen
- Etwas geriebener Ingwer
- Evtl. Salz und Pfeffer
- 4 Stiele frischer Koriander

1 Geschälte Möhren und Kartoffeln sowie Zucchini in Scheiben schneiden.

2 Olivenöl in einen Topf (Ø 20 cm) erhitzen. Zwiebel dazu geben und unter Rühren glasig dünsten. Geschälte Knoblauchzehen, Möhre, Kartoffeln, Zucchini, Zitronenabrieb und Ingwer dazugeben. Mit Zitronensaft, Wasser oder Fond aufgießen, noch einmal umrühren, dann bei mittlerer Hitze und geschlossenem Deckel ca. 15 Minuten kochen. Zwischendurch umrühren, und wenn nötig Flüssigkeit nachgießen.

3 Überschüssige Flüssigkeit im Topf zum Schluss bei starker Hitze unter Rühren verkochen, so dass das Gemüse glasiert wird. Evtl. mit Salz und Pfeffer würzen und nach Geschmack mit Koriander bestreuen.

Risotto Grundrezept ohne Weisswein

Selbst-löffler

- 200 g Risotto-Reis
- 1 Zwiebel, fein gewürfelt
- 25 g Butter
- Ca. 1 l Gemüse-oder Hühnerfond
- Ca. 40 g Parmesan, frisch gerieben
- 1 Lorbeerblatt
- 1 Thymianstängel
- Etwas Zitronensaft
- Evtl. Salz und Pfeffer

1 Die Zwiebel in der Hälfte der Butter im Topf glasig dünsten. Den Reis einrühren, ganz kurz anrösten, ohne dass er Farbe annimmt. Die Kräuter dazugeben. Unter ständigem Rühren den heißen Fond nach und nach zugießen – immer nur so viel, dass der Reis gerade bedeckt ist.

2 Bei mittlerer Hitze 18 bis 20 Minuten al dente (bissfest) garen, mit Zitronensaft und falls gewünscht leicht mit Salz und Pfeffer würzen.

3 Den Topf vom Herd nehmen, den Parmesan und zum Schluss die restliche Butter einrühren.

David sagt:
Kombinieren Sie mit Gemüse: grüne Erbsen, gedämpfter grüner Spargel, gebratene Kürbisstückchen …
Das Gemüse noch vor dem Parmesan vorsichtig unterheben.

Chana Daal

- 110 g gelbe Linsen
- 200 g Tomaten aus der Dose
- ½ Zwiebel, fein gewürfelt
- 1 kleine Knoblauchzehe, zerdrückt
- ½ TL Ingwer, frisch gerieben
- ½ TL gemahlener Kreuzkümmel
- 1 TL gemahlener Koriander
- Evtl. ¼ getrocknete rote Chili und etwas Salz
- Je eine Messerspitze Kurkuma und gemahlener Zimt
- 1 TL Garam Masala (Currymischung)
- Öl zum Braten

1 Den Boden eines mittelgroßen, vorzugsweise beschichteten Topfes mit Öl bedecken und erhitzen. Zwiebel, Knoblauch und Ingwer zugeben und dünsten, bis die Zwiebel gerade weich ist. Die Gewürze bis auf Garam Masala und, falls gewünscht, Chili und etwas Salz zugeben.

2 Erbsen einrühren. Tomaten mit ihrem Saft dazuschütten und mit einem Löffelrücken leicht andrücken. 150 ml Wasser zugießen, aufkochen.

3 Auf sehr schwache Hitze reduzieren und ohne Deckel etwa 40 Minuten köcheln, bis ein Großteil der Flüssigkeit aufgenommen wurde und die Erbsen weich sind. Nach und nach das Garam Masala einrühren, nach jeder Zugabe abschmecken.

Daal von roten Linsen

schnell

- 110 g rote Linsen
- ½ Zwiebel, fein gewürfelt
- 1 kleine Knoblauchzehe, zerdrückt
- ½ TL Ingwer, frisch gerieben
- 1 Messerspitze Kurkuma
- 1 TL Currypulver
- Öl zum Braten
- Evtl. etwas Salz

1 Den Boden eines mittelgroßen Topfes mit Öl bedecken, erhitzen. Zwiebel darin leicht anbraten. Dann Knoblauch, Ingwer, Kurkuma dazugeben und kurz anbraten, nicht zu stark rösten.

2 Die Linsen zugeben und unter Rühren 2 Minuten anbraten. Mit 500 ml Wasser aufgießen, zum Kochen bringen, Hitze reduzieren und 15 Minuten bei schwacher Hitze köcheln lassen.

3 Mit Currypulver und evtl. Salz abschmecken und kochen lassen, bis die Linsen zerfallen sind und die Flüssigkeit verdampft ist.

Dazu passt Reis.

Baby spezial: Zwei super Übungsessen für Selbstlöffler!

Beilagen

Butternuss-Kürbis aus dem Ofen

- 1 kg Butternuss-Kürbis, s. Tipp Seite 121
- 2 bis 3 EL Olivenöl
- Parmesan nach Belieben

1 Einen kleinen Butternuss-Kürbis dort, wo er rundlich wird, durchschneiden, mit einem Messer schälen, beide Teile dann der Länge nach halbieren. Die Kerne mit einem Esslöffel ausschaben. Alles in gut greifbare Stücke spalten. Diese dann in eine Schüssel geben, Olivenöl darüber gießen und mit den Händen durchmischen.

2 Auf ein mit Backpapier belegtes Backblech setzen, sodass der ausgeschabte Teil des Kürbisses nach oben zeigt, und im auf 250 °C vorgeheizten Backofen bei Umluft braten – je nach Größe der Spalten ca. 10 Minuten lang.

3 Zum Schluss evtl. etwas salzen und pfeffern, falls gewünscht frisch geriebenen Parmesan darüber streuen.

Dazu passen gekochte und in Olivenöl geröstete Kartoffelscheiben und Joghurt mit Oliventapenade (Mischungsverhältnis 2:1). Für die Großen kann noch ein gemischter Blattsalat mit z. B. Babyblattspinat, Rucola oder Radicchio gereicht werden.

Kohlrabi-Paprika

- 2 Kohlrabi
- 2 große Paprika, rot und gelb
- 250 ml unserer Tomatensoße von Seite 59 oder 2 blanchierte, geschälte und gewürfelte Tomaten
- ½ Zwiebel, fein gewürfelt
- 1 Knoblauchzehe, zerdrückt oder gepresst
- 2 Ingwerscheiben, fein gehackt
- Abrieb einer halben Zitrone, s. Seite 36
- 2 EL Rapsöl

1 Kohlrabi schälen, in große Stücke schneiden. Paprika halbieren, Strunk und Kerngehäuse entfernen, dann vierteln.

2 In einem Topf Öl erhitzen, Paprika dazugeben, kurz allein anbraten, dann Zwiebel zugeben und kurz anbraten lassen. Kohlrabi, Knoblauch, Ingwer, Zitronenabrieb hinzufügen und unter Rühren 2 bis 3 Minuten mitbraten.

3 Tomatensauce zugießen, Deckel schließen und bei schwacher Hitze etwa 20 Minuten garen. Dabei evtl. zwischendurch etwas Wasser zugießen.

4 Wenn der Kohlrabi ausreichend weich ist, den Topf vom Herd nehmen und etwas ziehen lassen, falls gewünscht salzen.

Dazu passen z. B. Pellkartoffeln, gebratene Polenta, Kartoffelstampf.

David sagt:

Das Kohlrabi-Paprika-Gericht schmeckt einmal wieder aufgewärmt sogar noch besser. Im Sommer kann es auch kalt genossen werden.

Brokkoli in Mandelmilch

einfach

- 1 ganzer Brokkoli
- 2 Knoblauchzehen, in dünne Scheiben geschnitten
- 3 EL Mandelmus oder 100 g Mandelblättchen
- Rapsöl zum Braten
- Evtl. Salz und Pfeffer

1 Mandelmilch ansetzen: entweder 3 EL Mandelmus aus dem Glas mit 500 ml Wasser versetzen oder etwa 100 g Mandelblättchen in 500 ml Wasser am besten über Nacht ziehen lassen, dann mit dem Stabmixer gut durchpürieren, evtl. noch durch ein feines Sieb gießen. Wenn man die Milch nicht sofort verwendet, vor Gebrauch gut durchrühren, da sich das Wasser oben absetzt.

2 Brokkoli in gut greifbare kleine Röschen teilen. Bei größeren Röschen den Strunk kreuzweise einschneiden, so garen sie besser durch. In einer Pfanne, zu der es einen Deckel gibt, Öl erhitzen, den Brokkoli leicht anbraten, Knoblauch kurz mitbraten.

3 Mit Mandelmilch aufgießen, Deckel auf die Pfanne legen, kurz köcheln lassen. Dann vom Herd nehmen und, falls das Gemüse noch zu knackig ist, bei geschlossenem Deckel fertig gar ziehen lassen. Nach Geschmack salzen und pfeffern.

Dazu passt: Reis oder Hirse.

Rahmspinat

Selbstlöffler

- 500 g Blattspinat blanchiert, ausgedrückt (sowohl frisch als auch tiefgekühlt entspricht das einer 750-g-Packung / -Tüte)
- ½ Zwiebel, fein gewürfelt
- 1 bis 2 Knoblauchzehen, zerdrückt oder gepresst
- Ca. 300 ml Wasser oder Gemüsebrühe
- 2 EL Crème fraîche
- geriebene Muskatnuss
- 20 g Butter
- Evtl. Salz und Pfeffer

1 Butter in einem Topf erhitzen, Zwiebel darin glasig dünsten. Knoblauch kurz mitrösten.

2 Fein zerhackten Blattspinat zugeben. Mit Wasser oder Gemüsebrühe bedecken und 5 Minuten bei mittlerer Hitze köcheln lassen.

3 Crème fraîche beigeben und mit dem Stabmixer pürieren. Mit Muskatnuss sowie evtl. Salz und Pfeffer abschmecken.

David sagt:
Beim Erhitzen bräunt das Eiweiß der Butter und setzt einen nussigen Geschmack frei, daher auch der Name Nussbutter.

Kartoffelwedges

Für ein Backblech:

- 500 g festkochende Kartoffeln
- Olivenöl
- Evtl. etwas Salz

einfach

1 Da wir die Wedges auch dem Baby anbieten, schälen wir die Kartoffeln. Diese dann einmal der Länge nach teilen und die Hälften in Spalten schneiden.

2 Kartoffeln in eine Schüssel geben, etwas Olivenöl darübergießen, falls gewünscht etwas salzen, dann durchmischen.

3 Auf ein mit Backpapier ausgelegtes Blech geben, mit etwas Platz nebeneinander, jeweils auf die geschälte Seite legen und im auf 200 °C Heißluft vorgeheizten Ofen ca. 20 Minuten garen.

Dazu passt Sauerrahm oder Schmand mit etwas gepresstem Knoblauch, einem Löffel Pflanzenöl und evtl. einer Prise Salz gemischt, Sauerrahm mit Oliventapenade (Seite 107) oder natürlich das selbst gemachte Ketchup (Seite 59).

Kartoffelrösti

- 400 g rohe Kartoffeln
- Olivenöl
- Muskatnuss und / oder gemahlener Kümmel nach Geschmack

1 Kartoffeln schälen und in eine Schüssel reiben, z. B. mit der groben Reibseite der Vierkantreibe. Wenn man mag, mit etwas Muskat und gemahlenem Kümmel würzen.

2 Öl in einer beschichteten Pfanne (Ø 26 cm) stark erhitzen, die Kartoffelmasse darin verteilen und fest andrücken. Bei mittlerer Hitze 10 bis 12 Minuten braten.

3 Das Rösti mit Hilfe eines Topfdeckels oder Tellers wenden und in 10 bis 12 Minuten auf der anderen Seite zu Ende braten.

Dazu passen salzig-würzige Saucen wie bei den Wedges oder auch Apfelmus.

Kartoffelstampf

Selbst-löffler

- 500 g mehlige Kartoffeln
- 2 bis 3 EL Olivenöl
- Etwas geriebene Muskatnuss
- Evtl. 1 Prise Salz

1 Kartoffeln schälen und in gleich große Stücke schneiden, große Kartoffeln z. B. durchaus achteln. In einen Topf geben, der mit den Kartoffeln etwa zu zwei Dritteln befüllt ist. Einen Schuss Olivenöl darüber geben, das verringert das Schäumen, Kartoffeln mit Wasser komplett bedecken und so lange auf hoher Temperatur kochen, bis sie weich sind (Gabelprobe).

2 Dann durch ein Sieb abseihen und, wichtig: das Kochwasser auffangen!

3 Die Kartoffeln in den Topf zurückfüllen, mit einem Kartoffelstampfer stampfen und nochmals etwas Olivenöl hinzugeben. Nach und nach unter Rühren so viel Kochwasser hinzufügen, bis die gewünschte sämige Konsistenz erreicht ist.

David sagt:
Das Kochwasser enthält die Mineralstoffe der Kartoffel, außerdem ist die Kartoffelstärke ein hervorragendes natürliches Bindemittel.

Kartoffelküchlein

Für 4 kleine Küchlein:

- 250 g mehlige Kartoffeln, geschält und in größere Stücke geschnitten
- 25 g Kichererbsenmehl oder Dinkelmehl
- ½ Knoblauchzehe, zerdrückt
- 1 TL Zitronensaft
- Evtl. Salz und Pfeffer
- Muskatnuss
- Etwas Rapsöl

1 Kartoffeln in einem Topf mit Wasser bedecken und falls gewünscht etwas Salz hinzufügen. Zum Kochen bringen und die Kartoffeln garen, bis sie weich sind. Abgießen und abkühlen lassen.

2 Die abgekühlten Kartoffeln mit Knoblauch, evtl. einer Prise Salz, Pfeffer, Zitronensaft, Muskatnuss, Mehl und etwas Öl in einer Schüssel sorgfältig vermischen. Aus der Masse Bällchen formen und flach drücken.

3 In einer beschichteten Pfanne auf jeder Seite in wenig Öl bei niedriger Hitze etwa 15 Minuten langsam garen, bis sie goldbraun sind. Alternativ kann man sie von beiden Seiten kurz anbraten und dann im vorgeheizten Ofen bei 180 °C Heißluft ebenfalls etwa 15 Minuten fertigbacken.

Würzpasten & Chutneys für die Großen

Alle Rezepte für ein 250 ml-Einmachglas

Basilikumpesto

- 90 g Basilikumblätter (etwa zwei große Pflänzchen im Topf)
- Ca. 3 TL Pinienkerne
- ½ bis 1 Knoblauchzehe nach Geschmack
- 150 ml Olivenöl

1 Basilikum waschen und – am besten in einer Salatschleuder – gut trocknen. Alternativ kann man auch ein Geschirrtuch nehmen, die Blätter darin einschlagen und es dann am langen Arm im Kreis schwingen – am besten auf dem Balkon.

2 Alle Zutaten im Zerkleinerer sehr fein mixen. In ein geeignetes Glas füllen und im Kühlschrank aufbewahren.

Variationen: Eine geschmacklich wunderbare (und sogar auch etwas günstigere) Alternative zu Pinienkernen sind Zedernüsse, die stehen im gut sortierten Nuss-Regal meist ziemlich direkt daneben. Probieren Sie auch mal eine Mischung aus Basilikum, Koriander und Minze im Verhältnis 1:1:1. Ein Pesto aus Thai-Basilikum aus dem Asia-Markt mit seinem anis- und lakritzartigen Geruch bietet ebenfalls eine spannende Abwechslung.

Oliventapenade

- 140 g schwarze Kalamata-Oliven
- 1 gestr. EL Kapern
- Ca. 3 TL Pinienkerne
- ½ Knoblauchzehe
- Evtl. 3 Sardellenfilets
- 80 ml Olivenöl

schnell

1 Oliven entkernen und mit den restlichen Zutaten im Zerkleinerer sehr fein mixen.

2 In ein geeignetes Glas füllen und im Kühlschrank aufbewahren.

Tipp: Beim Entnehmen von Pestos und Tapenade aus dem Glas immer mit einem frischen Löffel arbeiten. Danach die Oberfläche glattstreichen und gegebenenfalls wieder eine dünne Schicht Olivenöl darauf schütten. Bei solch achtsamem Umgang hält die Paste gut und gerne zwei Wochen.

Apfel-Ingwer-Chutney

- 200 g säuerliche Äpfel
- 25 g frischer Ingwer
- ½ rote Chilischote
- 50 g Zucker
- 125 ml Apfelessig
- 50 ml Apfelsaft

1 Die Äpfel schälen, vierteln, das Kernhaus entfernen und das Fruchtfleisch sehr klein würfeln. Den Ingwer ebenfalls schälen und fein hacken. Die Chilischote waschen, in dünne Ringe schneiden und die weißen Häute und Kerne entfernen.

2 Den Zucker mit Essig und Apfelsaft aufkochen, Ingwer, Chili und die Apfelstückchen hineingeben, 10 Minuten köcheln lassen und evtl. noch mit etwas Essig abschmecken.

3 Heiß in saubere Einmachgläser füllen und abkühlen lassen. Im Kühlschrank aufbewahren und innerhalb weniger Tage verbrauchen.

Passt toll zu kurz gebratenem Fleisch, ist auch zu den Fischfingern sehr empfehlenswert.

Mangochutney

- 4 Schalotten
- 250 g Mangofruchtfleisch (ca. 1 große oder 2 kleine Früchte)
- 1 rote Chilischote
- 80 g Zucker
- 1 EL Ingwer, geschält und fein gehackt
- 8 EL weißer Balsamico-Essig
- Salz
- 1 EL fein geschnittenes Koriandergrün

1 Die Schalotten schälen und in halbe Ringe, das Mangofruchtfleisch in kleine Würfel schneiden. Chili längs aufschneiden, Kerne herausschaben und die Schote fein würfeln.

2 Den Zucker in einem Topf mit dickem Boden schmelzen und nur leicht bräunen. Schalottenstreifen und Ingwer unterrühren, mit Essig ablöschen und ca. 10 Minuten köcheln lassen.

3 Mangowürfel dazugeben, salzen, dann Chili unterrühren, kurz aufkochen, vom Herd nehmen und abkühlen lassen, Koriandergrün unterheben.

Passt z. B. zu gebratener Hähnchenbrust, zu gebratenem Fisch oder zusammen mit Frischkäse auf Brot.

Das Chutney hält sich 2 bis 3 Tage im Kühlschrank, ist also eher in kleineren Mengen frisch herzustellen.

Scharfes Tomatenpesto

schnell

- 80 g getrocknete Tomaten
- Ca. 3 TL Pinienkerne
- ½ bis 1 Knoblauchzehe
- 1 bis 3 rote Chilischoten, nach Geschmack
- 200 ml Olivenöl

1 Tomaten in dünne Streifen schneiden. Chilischoten waschen, entkernen und klein schneiden.

2 Mit den anderen Zutaten im Zerkleinerer sehr fein mixen. Falls das Pesto zu trocken ist, etwas mehr Öl zugeben.

3 In ein geeignetes Glas füllen und im Kühlschrank aufbewahren.

David sagt: Bei den Tomaten darauf achten, dass sie schön weich und nicht zu trocken sind. Am besten eignen sich Soft-Tomaten, die vor dem Verwenden nicht erst wieder in Wasser eingeweicht werden müssen.

Grünes Masala

- 90 g frischer Ingwer
- 3 Knoblauchzehen
- 7 grüne Chilischoten
- 1 bis 2 Handvoll frischer Koriander

1 Chilischoten säubern und entkernen, zusammen mit dem Ingwer in dünne Scheiben schneiden.

2 Alle Zutaten im Zerkleinerer mit etwas Wasser, anfangs mit etwa 50 ml, zu einer feinen Paste mixen. Falls notwendig nach und nach noch etwas Wasser hinzufügen. Sollte die Angelegenheit etwas zu flüssig geraten, ist das nicht schlimm!

Wird verwendet im Rezept »Ausgelöste Hühnerkeulen« auf Seite 129, passt generell super zu asiatischen und indischen Gerichten. Auch toll: Hühnerfleisch damit marinieren und dann im Ofen garen.

Vorratstipp: Im sauberen Schraubglas gut verschlossen ist das Masala bis zu 2 Wochen im Kühlschrank haltbar.

Salate & kleine Gerichte

Marinierte Möhren

- 500 g kleine Möhren
- 1 Knoblauchzehe, gepresst
- 1 Stängel glatte Petersilie, frisch gehackt
- 1 Prise getrockneter Oregano
- 6 EL Olivenöl
- Saft einer ½ Zitrone
- Evtl. ganz wenig Chili, gehackt, und Salz

1 Tag Vorlauf

1 Die Möhren schälen und ca. 15 Minuten in Salzwasser bissfest kochen. Abgießen, kurz abkühlen lassen, in dünnen, »pommesgroßen« Stiften in eine Salatschüssel schneiden.

2 Petersilie, Oregano, Öl, Zitronensaft, gepressten Knoblauch und, falls gewünscht, Salz und Chili vermischen. Die Marinade über die Möhren gießen, gut vermengen und ca. 24 Stunden im Kühlschrank durchziehen lassen.

Baby spezial:
Tolles Einsteigergericht für Essanfänger und ein handlicher Snack für unterwegs.

Peperonata

- 2 gelbe, 2 rote Paprika
- 1 Knoblauchzehe, in Scheiben geschnitten
- 4 EL Olivenöl
- 2 Thymianstängel
- Etwas Zitronensaft
- Evtl. Salz

1 Den Backofen auf 200 °C vorheizen. Ein Backblech mit Alufolie auslegen. Die Paprika mehrfach anstechen und etwa ½ Stunde backen, bis die Haut schwarze Blasen schlägt (s. Foto links).

2 Aus dem Ofen nehmen und abkühlen lassen, am besten noch ein angefeuchtetes Küchentuch darüberlegen, dann kann man die Haut sehr leicht abziehen.

3 Die Paprika vorsichtig halbieren, den Saft, der sich beim Rösten im Ofen gebildet hat, in ein Gefäß gießen. Kerne und innere Häute entfernen. Nun die Hälften der Länge nach vierteln.

4 Das Öl mit dem Knoblauch und den Thymianstängeln in einem Topf kurz erhitzen, Paprika und deren Saft dazugeben. Mit etwas Zitronensaft und evtl. Salz abschmecken. In eine Schüssel umfüllen und auskühlen lassen.

Gratinierter Fenchel

- Butter für die Form
- 2 bis 3 mittelgroße Fenchelknollen
- 125 ml Gemüsefond oder -brühe
- Evtl. Salz und Pfeffer

einfach

Für die Kruste:

- Fenchelgrün
- 3 EL Paniermehl
- 30 g geriebener Hartkäse (Parmesan, Pecorino)
- 25 g weiche Butter

1 Backofen auf 200 °C vorheizen. Eine weite, ofenfeste Form mit Butter einfetten.

2 Vom Fenchel das Grün entfernen und für die Kruste aufbewahren. Fenchel säubern, braune Stellen und den untersten Teil des Strunks entfernen und in ca. 5 mm dicke Scheiben schneiden.

3 In der Form verteilen, Gemüsefond darübergießen. Falls gewünscht, mit etwas Salz und Pfeffer würzen. Mit Alufolie zudecken und in der Ofenmitte ca. 15 Minuten backen.

4 Für die Kruste das Fenchelgrün fein hacken. Mit Paniermehl, Käse und Butter mischen. Alufolie von der Form entfernen, Kruste auf dem Fenchel verteilen und ca. 10 Minuten mitbacken, bis die Kruste goldgelb ist.

Ofen-Fenchel mit Tomaten und Oliven

- 2 bis 3 mittelgroße Fenchelknollen
- 3 große, möglichst reife Tomaten
- 1 Handvoll Kalamata-Oliven
- Olivenöl
- Evtl. Salz und Peffer

1 Tomaten entstrunken, kreuzweise einritzen (s. Seite 58), blanchieren und schälen. In kleine Würfel schneiden. Fenchel säubern, braune Stellen und den untersten Teil des Strunks entfernen und in gleich große Spalten schneiden. Oliven entkernen und vierteilen.

2 Den Boden einer feuerfesten Form reichlich mit Olivenöl bedecken, mit dem Fenchel belegen, Tomatenwürfel und Oliven gleichmäßig darüber verteilen. Nach Geschmack salzen und pfeffern. Mit Alufolie bedecken und im auf 220 °C vorgeheizten Ofen 15 bis 20 Minuten garen.

Auch als Hauptgericht toll, zum Beispiel mit gebratener Polenta, Bratkartoffeln …

Loretta sagt:

Wenn ich keine Lust habe, mir beim Einfetten einer Form die Hände fettig zu machen, nehme ich einfach ein Stück einer Butterbrot-Tüte aus Papier und »fahre« damit etwas Butter in der Form herum.

Tipp:
Mürbeteig kann man wunderbar einfrieren, dann sollten Sie ihn aber 1 bis 2 Stunden vor der Weiterverarbeitung aus dem Gefrierfach holen und antauen lassen, damit Sie ihn ausrollen können.

Blumenkohlquiche

Ergibt eine Quicheform (Ø 24 cm) oder etwa 6 Tartelett-Förmchen

Für den Teig:

- 250 g Mehl
- 125 g kalte Butter
- 1 Ei
- Evtl. ½ TL Salz

Für den Belag:

- ca. 500 g Blumenkohl

Für den Guss:

- 250 ml Sahne
- 2 Eier
- 25 g geriebener Parmesan
- Muskatnuss
- Pfeffer

1 Stunde Vorlauf

1 Das Mehl auf eine Arbeitsfläche häufen oder in eine Schüssel füllen, die Butter in kleine Flöckchen geschnitten darüber verteilen; beides mit den Händen zu Streuseln verreiben. 1 bis 2 EL kaltes Wasser, das Ei und falls gewünscht Salz dazugeben und alles rasch zu einem glatten Teig verkneten. Diesen zu einen ca. 2 cm hohen Block formen, so lässt sich später der Teig schon leichter ausrollen. In Folie einschlagen und für mindestens 1 Stunde kühl stellen.

2 Den Backofen auf 180 °C Heißluft vorheizen. Den Blumenkohl in etwa gleich große Röschen (2 x 2 cm) zerteilen und ca. 5 Minuten dämpfen (s. Seite 37).

3 Den Teig auf einer bemehlten Arbeitsfläche ca. einen halben Zentimeter dick und etwas größer als die Quicheform ausrollen, sodass genug Material für einen Rand vorhanden ist. Die Quicheform mit dem Teig auskleiden, den Teigboden mehrmals mit einer Gabel einstechen und auf der mittleren Schiene des heißen Ofens etwa 15 Minuten backen. Herausnehmen und etwas abkühlen lassen (der Backofen bleibt aber eingeschaltet!), falls nötig den Teigboden mit den Fingern wieder flachdrücken.

4 Blumenkohl auf dem Teigboden verteilen. Für den Guss Sahne, Eier und Parmesan gut verquirlen – am einfachsten mit dem Stabmixer bei niedriger Drehzahl oder mit einem Handrührgerät. Mit Pfeffer und Muskatnuss und falls gewünscht mit einer kleinen Prise Salz würzen.

5 Den Eierguss über den Blumenkohl gießen und das Ganze ca. 35 Minuten auf mittlerer Schiene backen. Der Guss muss gestockt sein – wenn Sie etwas an der Form rütteln, sollte sich nichts mehr bewegen.

Brokkoli oder Romanesco können anstatt Blumenkohl ebenfalls verwendet werden, wobei hier die Dämpfdauer etwas kürzer ist. Wenn es ganz schnell gehen soll, einen fertigen Mürbeteig verwenden.

Blumenkohlsalat

- 1 Blumenkohl, gesäubert und in Röschen zerteilt
- 6 EL Olivenöl
- Saft einer Zitrone
- 1 EL frisch gehackte glatte Petersilie
- 2 TL gehackter Estragon, frisch oder getrocknet
- Evtl. Salz und Pfeffer

1 Stunde Vorlauf

1 Die Blumenkohlröschen in leicht gesalzenem, kochendem Wasser bissfest garen, je nach Röschengröße in etwa 5 bis 8 Minuten, oder im Dämpfkorb dämpfen. Abgießen, abkühlen lassen und in eine Salatschüssel geben.

2 Olivenöl und Zitronensaft in einer Schüssel verrühren, Petersilie und Estragon unterrühren und alles nach Wunsch mit Salz und Pfeffer abschmecken. Als Dressing über den Blumenkohl geben und 1 Stunde durchziehen lassen.

Tipp: Wenn's schnell gehen soll, gibt's natürlich als Alternative die vorgegarte und vakuumisierte Rote-Bete-Variante.

Rote-Bete-Salat

- 1 kg rote Bete, am besten kleinere mit etwa 60 g / Stück
- 300 ml Wasser
- 1 EL Rapsöl
- Saft einer ½ Zitrone
- 1 TL Salz
- Meerrettich, frisch gerieben oder aus dem Glas

1 Stunde Vorlauf, bei frischer roher Bete 2 Stunden

1 Rote Bete ungeschält in reichlich Wasser etwa eine Stunde garkochen (Garprobe mit der Gabel). Dann mit kaltem Wasser abschrecken und schälen.

2 Die 300 ml Wasser mit Zitrone, Öl und Salz aufkochen. Rote Bete in handliche Stücke oder Stäbe schneiden, in die heiße Marinade geben und mindestens eine Stunde ziehen lassen.

3 Zum Schluss Meerrettich nach Schärfelust hinzufügen.

Baby spezial:
Essanfängern bitte nur die Spitzen anbieten!

Grüner Spargel mit Parmesan

* 500 g grüner Spargel
* 50 g geriebener Parmesan
* 1 geh. EL Butter
* Evtl. Salz

einfach

1 Den Spargel waschen, putzen und das untere Drittel schälen.

2 Im Dämpfkorb gar dämpfen oder je nach Dicke der Stangen 5 bis 6 Minuten in kochendem Salzwasser kochen.

3 Auf Tellern anrichten, mit Parmesan bestreuen und mit zerlassener Butter übergießen, nach Wunsch etwas salzen.

Loretta sagt:
Ich lege einen Kürbis, bevor ich ihn rezeptgetreu verarbeite, immer erst einmal für ca. 30 Minuten bei etwa 80 °C in den Backofen. Danach lässt er sich herrlich einfach schneiden bzw. schälen! Habe ich, glaube ich, mal bei Jamie Oliver gelesen …

Herzhafte Kürbisquiche

* 1 Rezept Teig von S. 119

Für den Belag:

* 400 g Kürbis, z. B. Hokkaido
* 2 Zwiebeln, fein gewürfelt
* 150 g gewürfelter Speck, falls gewünscht
* 125 g Bergkäse
* 250 g Crème fraîche
* 3 Eier
* 1 EL Butter
* Je 2 EL glatte Petersilie und Schnittlauch
* Etwas Muskatnuss, evtl. Salz und Pfeffer

30 Minuten Vorlauf

1 Kürbis schälen (falls kein Hokkaido), halbieren und entkernen. Das Fruchtfleisch mit der Vierkantreibe grob raspeln.

2 Butter in einer Pfanne erhitzen. Zwiebeln und Speck darin anbraten. Mit dem geraspelten Kürbis vermischen und abkühlen lassen.

3 Den Käse fein reiben und mit Crème fraîche und Eiern verrühren, zur Kürbis-(Speck)-Mischung geben. Nach Geschmack mit Salz, Pfeffer und etwas geriebener Muskatnuss würzen. Petersilie und Schnittlauch unterrühren.

4 Den Belag auf den Teig geben und gleichmäßig verteilen. Die Quiche im Backofen auf mittlerer Schiene ca. 35 Minuten backen, bis sie goldbraun ist.

Wochenendküche

Hier kommen nun Gerichte, die ein wenig mehr Zuwendung und Aufmerksamkeit erfordern – »Wochenendküche« nennen wir das Kapitel, weil wir einfach mal nassforsch davon ausgehen, dass die meisten Menschen am Wochenende mehr Muße haben und über mehr zeitliche Kapazitäten für besondere und ausführliche Essenszubereitung verfügen.

Machen Sie bei der Besorgung der Zutaten einen ausgedehnten Spaziergang über den Markt, fachsimpeln Sie beim Metzger, erledigen Sie mit genügend Vorlauf ganz entspannt erste Vorbereitungen und sehen und genießen Sie all das auch schon als Teil der Kochunternehmung.

Wenn Sie das auch unter der Woche schaffen – umso besser: Unsere Wochenendgerichte schmecken auch an handelsüblichen Werktagen!

Wiener Schnitzel mit Kartoffelsalat

Kartoffelsalat:

- 1 kg festkochende, möglichst kleine Kartoffeln
- 500 ml Wasser
- 1 gestr. TL Salz
- Schwarzer Pfeffer aus der Pfeffermühle
- Saft einer Zitrone
- 1 ½ TL Estragon- oder Dijonsenf
- 4 EL Rapsöl
- 2 kleine Frühlingszwiebeln

2 bis 3 Stunden Vorlauf

1 Kartoffeln 15 bis 20 Minuten kochen. Mit kaltem Wasser abschrecken.

2 Wasser mit Salz, Pfeffer, Senf, Öl, Zitronensaft zum Kochen bringen. Währenddessen die Kartoffeln schälen. Die aufgekochte Marinade vom Herd nehmen und die Kartoffeln in dünnen Scheiben direkt hineinschneiden. Zum Schluss die fein geschnittene Frühlingszwiebel dazugeben.

3 Der Salat braucht Zeit zum Durchziehen und schmeckt erst nach 2 bis 3 Stunden wirklich gut!

David sagt:

Kipfler oder La Ratte heißen Kartoffel-Sorten, die sehr geeignet sind und die ich selber gerne verwende.

Schnitzel:

- 2 Kalbsschnitzel à 200 g, am besten vom Metzger
- Ca. 100 g Mehl
- 2 Eier
- Ca. 150 g Semmelbrösel
- Reichlich Öl oder Butterschmalz zum Herausbacken

1 Die Schnitzel gleichmäßig zwischen Frischhaltefolie ca. 4 bis 6 mm dünn plattieren (s. Seite 79). Jedes in der Hälfte teilen, sodass vier Stücke à 100 g entstehen, die Ränder etwa 1 cm tief zart einschneiden, falls gewünscht leicht salzen.

2 Mehl, Eier und Brösel jeweils in einen tiefen Teller füllen. Das Ei mit einer Gabel gut verschlagen. Nun die Schnitzel zuerst im Mehl wenden, abschütteln, dann beidseitig durch die Eier ziehen, leicht abstreifen, zum Schluss in den Semmelbröseln wenden, mit der Hand leicht anpressen, wiederum abschütteln. Tipp: Paniertes nicht übereinanderlegen und nicht allzu lange Zeit vor dem Backvorgang panieren.

3 Reichlich Öl (ca. 2 bis 3 cm hoch) in einer tiefen Pfanne stark erhitzen. Falls Sie ein Koch- bzw. Bratenthermometer besitzen: auf 170 bis 180 °C. Etwas Paniermehl in das Öl streuen, wenn es zu frittieren beginnt, ist die Hitze hoch genug.

4 Schnitzel vom eigenen Körper weg einlegen und dies auf keinen Fall mit Kind auf dem Arm oder in Bauchtrage tun – das Fett kann spritzen! Während des Backens die Pfanne rütteln, damit die Panade idealerweise luftig aufgeht. Das Schnitzel nur einmal wenden, fertig backen und aus der Pfanne heben. Auf einem Küchenpapier abtropfen und abtupfen. Je nach Stärke des Schnitzels beträgt die Backzeit pro Seite ca. 2 Minuten.

David sagt:

Das originale Wiener Schnitzel ist immer vom Kalb, ansonsten muss es korrekt »Schnitzel Wiener Art« heißen – dieses funktioniert z. B. auch sehr gut mit Hühner- oder Schweinefleisch.
Bei den Semmelbröseln schmeckt natürlich Bäckerware am feinsten. Fragen Sie einfach bei Ihrem nächsten Einkauf danach – so gut wie alle Bäcker haben ihre »Hausmischung« immer vorrätig …

Baby spezial:
Schnitzel für Essanfänger am besten in Streifen schneiden, so lassen sie sich gut greifen!

Falafel mit Hummus

Für ca. 25 Falafel

- 250 g getrocknete Kichererbsen
- Etwas Küchennatron
- 1 kleine Zwiebel
- 1 bis 2 Knoblauchzehen
- ½ TL Koriandersamen
- ½ TL Kreuzkümmelsamen
- 3 Pimentkörner
- ½ Bund Koriandergrün
- 3 bis 4 Stängel glatte Petersilie
- Evtl. Salz und Pfeffer

8 Stunden Vorlauf

1 Kichererbsen mit 750 ml Wasser und etwas Natron (macht die Kichererbsen schneller weich) über Nacht einweichen, Einweichwasser abgießen.

2 Koriandersamen, Kreuzkümmelsamen und Pimentkörner in einer Pfanne ohne Öl rösten, bis sie duften. Dann im Mörser fein zermahlen.

3 Kichererbsen, Zwiebel, Knoblauchzehen und Kräuter im Zerkleinerer pürieren. Ggf. in 3 bis 4 Portionen nacheinander pürieren und evtl. noch etwas Wasser hinzugießen. Es entsteht eine feinkörnige, homogene, cremige und bei der Zugabe von reichlich Kräutern hellgrüne Masse, die nun mithilfe von zwei Suppenlöffeln oder eines Eisportionierers zu Kugeln geformt werden kann.

4 In einem Topf mit reichlich heißem Frittierfett (mindestens 4 cm hoch) oder in der Fritteuse bei 170 °C ca. 4 Minuten goldgelb ausbacken. Danach mit einem Schaumlöffel herausnehmen und zum Abtropfen auf ein Küchenpapier legen.

Hummus

- 250 g getrocknete Kichererbsen
- 2 Knoblauchzehen
- 3 EL Olivenöl
- 75 g Tahini (arabische Sesampaste)
- Saft einer ½ Zitrone
- Evtl. Salz

8 Stunden Vorlauf

1 Die Kichererbsen in 750 ml Wasser über Nacht und mit etwas Natron einweichen und mit Knoblauch in der Einweichflüssigkeit aufkochen. Hitze zurücknehmen und ca. 90 Minuten köcheln lassen.

2 Abseihen, die Kochflüssigkeit in einer Schüssel auffangen, auskühlen lassen. Kichererbsen mit ca. 150 ml Kochflüssigkeit und den anderen Zutaten pürieren und abschmecken. Je nachdem, welche Konsistenz gewünscht ist, kann mehr oder weniger Kochflüssigkeit beigemengt werden.

Hummus kann zu Falafel, zu Fleisch, als Gemüse-Dip oder als Brotaufstrich gereicht und auch hervorragend pur gelöffelt werden.

Tipp: Natürlich ist es leichter, eine fertige Gewürzmischung zu nehmen, aber der Geruch frisch gerösteter Gewürze macht gute Laune und intensiviert das Geschmackserlebnis!

Hühnerkeulen mit Kartoffeln aus dem Rohr

* 2 bis 3 Hühnerkeulen
* Ca. 6 kleine Kartoffeln, geschält und halbiert
* 4 bis 5 etwa 5 mm dicke Scheiben einer unbehandelten Zitrone
* 5 Knoblauchzehen
* 1 frischer Rosmarinzweig
* Olivenöl
* Evtl. Salz und Pfeffer

Baby spezial:
Gewieftere Selbstesser, die schon gut und sicher greifen können, nehmen gern ein ganzes Hühnerbein in die Hand!

Evtl. 1 bis 2 Stunden Vorlauf für die Marinade

1 Die Haut der Hühnerkeulen mit Salz und Pfeffer einreiben. Mit Olivenöl, mit dem Messerrücken leicht angedrücktem Knoblauch in der Schale, abgezupften Rosmarinnadeln und Zitronenscheiben für 1 bis 2 Stunden marinieren (wenn es schnell gehen muss, nur alles einmal gut durchmischen).

2 In eine feuerfeste Form geben, die Zitronenscheiben obenauf legen. Kartoffeln dazulegen und im vorgeheizten Ofen bei 200 °C Heißluft etwa 35 Minuten braten.

3 Darauf achtgeben, dass die Zitronenscheiben schön karamellisieren (sie schmecken dann fantastisch süß-säuerlich) und nicht zu schwarz und damit bitter werden. Der Knoblauch lässt sich dann aus der Schale drücken, der Rosmarin ist knusprig und die Kartoffeln sind gebraten!

Tafelspitz

- 1 kg Tafelspitz (reichliche Menge, da so toll weiterverwendbar!)
- 1 Zwiebel
- ½ Stange Lauch
- Wurzelgemüse als Suppeneinlage
- 5 Pfefferkörner
- 3 Gewürznelken
- 1 Lorbeerblatt
- Etwas Liebstöckel und frischer Schnittlauch
- Etwa 2 l Wasser, das Fleisch muss gut bedeckt sein
- Evtl. 2-3 Markknochen (beim Metzger erfragen)

1 Wasser in einem ausreichend großen Topf zum Kochen bringen. Tafelspitz, Lauch, Markknochen und die Gewürze hineingeben. Bei kleiner Hitze 2 ½ Stunden köcheln, dabei entstehenden Schaum ständig abschöpfen.

2 Mit der Fleischgabel die Garprobe machen – dazu senkrecht an der dicksten Stelle des Fleischstücks hineinstechen. Lässt sich das Fleisch heben, braucht es noch Garzeit, fällt es jedoch bei einem leichten Ruck von der Gabel, ist es fertig. Es sollte dann auch keine Flüssigkeit mehr austreten.

3 Gegarten Tafelspitz in Frischhaltefolie einwickeln und ruhen lassen. (Falls sie das Fleisch nur vorbereiten, können Sie es nach dem Auskühlen so im Kühlschrank aufbewahren.)

4 Die Suppe durch ein sehr feines Sieb abseihen. Nun gewünschte Menge Wurzelgemüse, aus Gründen der Babyhandlichkeit natürlich am besten in Sticks geschnitten, in der Suppe nicht allzu weich kochen, mit dem Schaumlöffel herausnehmen und als Beilage anrichten. Hat man den Tafelspitz schon am Vortag gekocht, kann er zum Schluss, wenn das Gemüse schon gar ist, wieder in der Suppe erwärmt werden.

5 Fleisch gegen die Faser in Scheiben schneiden und in tiefen Tellern mit Gemüse und etwas Suppe anrichten. Mit fein geschnittenem Schnittlauch bestreuen und als Beilage am besten Rösti (s. Seite 102) reichen.

6 Die restliche Rindssuppe können Sie entweder einfrieren (s. Seite 70) oder wie die anderen Brühen und Fonds auch in saubere Schraubdeckelgläser füllen und im Kühlschrank aufbewahren.

Apfelmeerrettich

- 1 säuerlicher Apfel
- 1 bis 2 EL Meerrettich, frisch gerieben oder aus dem Glas
- Einige Tropfen Zitronensaft
- Evtl. 1 Prise Salz

1 Apfel schälen und in eine Schüssel fein reiben.

2 Meerrettich dazu mischen. Salz und Zitronensaft nach Geschmack dazugeben.

Reste-Tipp:

Schmeckt Großen herrlich in dünnen Scheiben geschnitten auf einem Sandwich mit etwas Senf und klein geschnittenen Essiggürkchen. Für alle: Mit der cremigen Paprikasoße genießen oder auch als Rindfleischsalat mit Reis.

Mangoldstrudel

Für den Teig:

- 250 g Sahnequark
- 250 g Dinkelmehl
- 120 g Butter
- 1 Prise Salz

Für die Füllung:

- 800 g Mangold
- 2 Zwiebeln, fein gewürfelt
- 2 Knoblauchzehen, zerdrückt
- 180 g Käse (Emmentaler), gerieben
- 3 Eier
- Muskatnuss
- 3-4 EL Öl
- Evtl. Salz und Pfeffer

Baby spezial:
Für absolute Einsteiger schwierig – die Mangoldblätter könnten am Gaumen festkleben. In diesem Fall dem Baby besser nur Teig von Ihrem Stück abgeben, vielleicht ein paar Mangoldstiel-Stückchen heraussuchen, falls Ihnen das nicht zu mühsam ist.

30 Minuten Vorlauf für den Teig

1 Für den Teig alle Zutaten rasch zu einem glatten Teig verkneten und mindestens 30 Minuten im Kühlschrank ruhen lassen.

2 Für die Füllung Mangold in kurze Streifen und diese dann nochmals in kleine Stückchen schneiden. Dabei die dickeren Stiele von den Blättern getrennt aufheben. Zwiebelwürfel mit dem Öl in einem großen Topf andünsten. Dann die klein geschnittenen Mangoldstiele dazugeben und 5 Minuten mitdünsten, als nächstes die Mangoldblätter für weitere 3 bis 4 Minuten zum Dünsten hinzugeben, bis alles gar ist. Etwas abkühlen lassen.

3 2 Eier in einer Schüssel verquirlen, evtl. mit Salz und Pfeffer würzen, erst den geriebenen Käse und dann das Mangoldgemüse dazugeben.

4 Den Backofen auf 180 °C Heißluft vorheizen. Den Teig ca. 5 mm dick auf einem gut bemehlten Geschirrtuch ausrollen und die ausgekühlte Mangoldmasse auf zwei Dritteln des Teiges verteilen. Die Seiten des Teiges einschlagen und den Strudel einrollen. Mit der Naht nach unten auf ein Blech mit Backpapier setzen.

5 Ei verquirlen und den Strudel damit bestreichen. Auf mittlerer Schiene in den Ofen schieben und ca. 40 bis 45 Minuten backen.

Süße Experimente

Milchreis mit Reismilch

Selbst-löffler

- 1 l Reismilch
- 125 g Milchreis
- 1 Prise Salz
- 1 ½ EL Maisstärke, z. B. Maizena
- 1 Eigelb
- ½ Vanilleschote

1 200 ml Reismilch (hat eine natürliche Süße) mit Eigelb und Maisstärke mixen.

2 Restliche Reismilch mit dem Reis, der Vanilleschote und einer Prise Salz zum Kochen bringen. Dann 20 Minuten bei kleiner Hitze köcheln lassen, bis der Reis weich ist. Wichtig: immer wieder umrühren, sonst brennt er an!

3 Zum Schluss die Reismilch-Eigelb-Maisstärkemischung einrühren, bis diese bindet. Nun den Topf vom Herd nehmen und den fertigen Milchreis lauwarm oder kalt genießen.

Schmeckt mit Apfelkompott, Mus, fast allen Früchten. Kann mit etwas Zimt und für größere Esser natürlich auch mit Zucker oder Kakao bestreut werden.

Kokos-Banane-Orangenpudding

Selbst-löffler

- 220 ml Kokosmilch
- 80 ml Orangensaft
- 1 reife Banane
- Abrieb einer ¼ Orange und einer ¼ Zitrone (s. Seite 36)
- 3 EL Maisstärke

1 Alle Zutaten außer der Maisstärke in einem hohen Rührgefäß mit dem Stabmixer fein pürieren. 200 ml davon in einem kleinen Topf zum Kochen bringen, die restlichen 100 ml mit der Maisstärke so verrühren, dass keine Klumpen darin sichtbar sind.

2 Die 200 ml Flüssigkeit in einem Topf erneut aufkochen lassen, dann unter ständigem Rühren mit den 100 ml Maisstärkemischung eindicken.

3 Noch heiße Puddingcreme in kleine Formen oder Tassen füllen.

Dazu passen zum Beispiel Ananas oder auch Beerenfrüchte wunderbar.

Gebratene Banane

schnell

- 2 Bananen
- 1 EL Mehl
- ½ TL Zimt
- 3 TL Butter
- Erdnussöl oder anderes neutrales Öl

1 Banane schälen und längs halbieren. Mehl mit Zimt mischen und die Bananenhälften mit Hilfe eines kleinen Siebes gleichmäßig bestäuben.

2 In Butter und etwas Erdnussöl braten.

Dazu schmeckt für die großen Esser z. B. noch eine Kugel Vanilleeis mit gerösteten Mandelsplittern.

Bananen-Apfel-Muffins

- 150 g Banane
- 150 g Dinkelmehl
- 50 g gemahlene Mandeln
- ½ Apfel, fein gewürfelt
- 2 gestr. EL Backpulver
- 150 ml Kokosmilch oder Reismilch
- ½ TL Natron

1 Dinkelmehl, Mandeln, Backpulver und Natron nacheinander in eine Schüssel wiegen, Apfelwürfel zugeben.

2 Kokosmilch mit Banane mixen, zum Rest gießen und zu einem Teig verrühren.

3 In eingefettete Förmchen füllen und im vorgeheizten Backofen bei 180 °C ca. 25 Minuten backen.

Hirsekuchen

* 200 g Goldhirse
* 300 ml Wasser
* 100 g Datteln
* 100 g Rosinen
* 100 g Mehl
* 1 Päckchen Backpulver
* 1 Päckchen Vanillezucker
* 2 kleine Äpfel
* 70 g gemahlene Mandeln

1 Hirse mit Wasser in einem Topf zum Kochen bringen, klein geschnittene Trockenfrüchte zufügen, die Herdplatte auf kleinste Stufe stellen. Den Topf mit Deckel bedecken und die Hirse 10 Minuten ausquellen lassen.

2 Mehl mit Backpulver und Vanillezucker vermischen. Äpfel grob reiben und mit den Mandeln zur Hirse geben. Sorgfältig vermengen.

3 Den Teig in eine gefettete Springform geben und im vorgeheizten Backofen bei 180 °C eine Stunde lang backen.

Baby spezial:
Super für den ersten Geburtstag! Wer möchte, verzichtet auf den Vanillezucker und verwendet stattdessen nur etwas Vanillepulver.

Apfelkompott

einfach

* 500 bis 600 g Äpfel
* 500 ml Wasser
* 40 g Zucker
* 5 dünne Ingwerscheiben
* 5 Gewürznelken
* Saft einer Zitrone

1 Wasser mit Zucker, Ingwer, Gewürznelken und Zitronensaft zum Kochen bringen.

2 Äpfel schälen, entkernen und in gleichmäßige Spalten schneiden.

3 Wenn die Flüssigkeit kocht, die Apfelspalten in den Topf geben, so verteilen, dass sie mit Wasser gerade bedeckt sind, und den Topf vom Herd nehmen. Ziehen lassen, bis alles ausgekühlt ist – mindestens ca. 30 Minuten.

4 Die Äpfel mit einem Schaumlöffel herausheben und dem Baby ohne den gesüßten Saft anbieten. Für größere Esser nach Wunsch ein paar Löffel davon darüberträufeln.

Tipp: Je nach Jahreszeit kann z. B. im Sommer noch frische Minze, Zitronenverbene oder Zitronenmelisse in ganzen Zweigen im Kompott mitziehen. Im Winter eignen sich wärmende Gewürze wie Zimt, Kardamom oder Sternanis.

Anhang

Die Autorinnen und der Koch

Loretta Stern, geb. 1974, ist Schauspielerin, Sängerin und Fernsehmoderatorin. Aber vor allem ist sie von ganzem Herzen Mutter ihrer kleinen Tochter Karline. Auch sie durfte in ihrem eigenen Tempo breifrei essen lernen.

Anja Constance Gaca, geb. 1975, ist Hebamme, Still- und Laktationsberaterin (IBCLC) und gibt Beikost-Kurse für Eltern. Nebenbei schreibt die Mutter von drei breifrei aufgewachsenen Kindern den Blog »Von guten Eltern«.

David Gansterer, geb. 1983, renommierter Koch, führte nach einem Engagement in Paris die Küche im »Goldenen Anker« in Hainburg a.d.Donau und studiert derzeit Lebensmittel- und Biotechnologie in Wien.

Dank

Loretta dankt:

* meinen Liebsten, Karline und Matti, für moralische Unterstützung, engagiertes Rezept-Testen und tapferes Nur-ganz-selten-Fragen, wann das neue Buch endlich, endlich fertig sei
* Heike für fantastische Rettungsanker-Intuition im richtigen Moment
* Leo, Lina und Lukas samt ihren Eltern für tolle Selbstesser-Motive
* Martin für alles!

Anja dankt:

* Christian für stetige Unterstützung und unendliche Geduld sowie unseren drei großartigen Kindern für viele schöne, inspirierende breifreie Esserfahrungen
* Mone für fachlichen Austausch und fleißiges Probekochen
* Pegah für unsere Lieblings-Essdecke

Anja und Loretta danken:

* Eva fürs »Verkuppeln«
* David für die engagierte und fantasievolle Rezeptkomposition
* Susanne für die vielen schönen, innerhalb unglaublich kurzer Zeit entstandenen Bilder
* Markus für den kurzweiligen Hanni&Nanni-Fototermin

David dankt:

* meiner Freundin Caroline und meiner Schwester Johanna, für Ihre Unterstützung, die weit über das Kochen, Einkaufen und Zur-Verfügung-Stellen von Kochgeschirr und-werkzeug hinausging

Anmerkungen

1. World Health Organisation (2013): Breastfeeding recommendation »10 facts on breastfeeding«, URL: http://www.who.int/features/factfiles/breastfeeding / en /
2. Reese, I./ Schäfer, C. (2009): *Allergien vorbeugen. Allergieprävention heute: Toleranzentwicklung fördern statt Allergene vermeiden!*, S. 78–84, systemed Verlag, Lünen
3. Nationale Stillkommission am Bundesinstitut für Risikobewertung (2004): »Empfehlung der Nationalen Stillkommission am BfR vom 1. März 2004«, URL: http://www.bfr.bund.de/de/empfehlungen_zur_stilldauer__einfuehrung_von_beikost-54044.html
4. Bundesministerium für Ernährung und Landwirtschaft, Netzwerk Junge Familie (2013): »Nachgefragt: Brauchen Säuglinge Folgenahrung?«, URL: http://www.gesundinsleben.de/ueber-uns/meldungen-aus-dem-netzwerk/detailansicht-news/aktuell/nachgefragt-im-juni-brauchen-saeuglinge-folgenahrung/?tx_ttnews%5Byear%5D=2013&tx_ttnews%5Bmonth%5D=06&tx_ttnews%5Bday%5D=11&cHash=af3ac51dcec3aeb27a282a89863064ec
5. von Ribbeck, J. (2012): *Schnelle Hilfe für Kinder*, S. 50–59, Kösel Verlag, München
6. Bundesministerium für Ernährung und Landwirtschaft, Netzwerk Junge Familie (2013): »Zeit fürs Trinkenlernen«, URL: http://www.gesundinsleben.de/fuer-familien/erstes-lebensjahr/zeit-fuer-breikost/#c758
7. Reese, I. / Schäfer, C. (2009): *Allergien vorbeugen – Allergieprävention heute: Toleranzentwicklung fördern statt Allergene vermeiden!*, S. 78–86, systemed Verlag, Lünen; http://www.gesundinsleben.de/ueber-uns/meldungen-aus-dem-netzwerk/detailansicht-news / aktuell / nachgefragt-im-maerz-welche-saeuglingsnahrung-sollten-allergiegefaehrdete-babys-bekommen-wenn-sie / ?tx_ttnews[year]=2014&tx_ttnews[month]=03&tx_ttnews[day]=04&cHash=338137c6d277ca42ef5c5c118b873838
Anm.: Leitlinien zur Allergieprävention wurden 2014 (nach Erscheinen dieses Buches) neu überarbeitet und veröffentlicht.
8. Bundesministerium für Ernährung und Landwirtschaft, Netzwerk Junge Familie (2013): »Nachgefragt: Brauchen Säuglinge Folgenahrung?«, URL: http://www.gesundinsleben.de/ueber-uns/meldungen-aus-dem-netzwerk/detailansicht-news/aktuell/nachgefragt-im-juni-brauchen-saeuglinge-folgenahrung/?tx_ttnews%5Byear%5D= 2013&tx_ttnews%5Bmonth%5D=06&tx_ttnews%5Bday%5D=11&cHash=af3ac51dcec3aeb27a282a89863064ec
9. Nafstad et. al, Finnland, »Asthma and allergic rhinitis at 4 years of age in relation to fish consumption in infancy«, URL: http://www.ncbi.nlm.nih.gov/pubmed/12870 829
10. Greenpeace »Fischratgeber 2014«; URL: http://www.greenpeace.de/sites/ www.greenpeace.de/files/publications/fischratgeber_onlinedownload_2014.pdf
11. Bundeszentrale für gesundheitliche Aufklärung, »Vegetarische Ernährung« (2014): URL: http://www.kindergesundheit-info.de/themen/

ernaehrung/1–6-jahre / vegetarische-ernaehrung /
12. Deutsche Gesellschaft für Ernährung (2011) »Kinder vegetarisch ernähren – ja oder nein?« URL: http://www.dge.de/modules.php?name=News& file=article&sid=1150; Netzwerk Junge Familie des Ministeriums für Ernährung und Landwirtschaft (2014) »Geht es auch ohne Fleisch, Wurst und Fisch?«, URL: http://www.gesund-ins-leben.de/fuer-familien/kleinkinder/essen-und-trinken / #c10 816
Weitere Informationen zur vegetarischen Ernährung von Kindern unter:
Staatsinstitut für Frühpädagogik (IFP): Claus Leitzmann (2010): »Vegetarische Ernährung – Überblick mit Bewertung« URL: www.familienhandbuch.de/ernaehrung/von-kindern-und-jugendlichen/vegetarische-ernahrung-uberblick-mit-bewertung
Deutsche Gesellschaft für Ernährung (2011): »Kinder vegetarisch ernähren – ja oder nein?« URL: www.dge.de/modules.php?name=News &file=article&sid=1150
13. Guandalini, S. (2007): »The influence of gluten: weaning recommendations for healthy children and children at risk for celiac disease«, URL: http://www.ncbi.nlm.nih.gov/pubmed/17664902
14. Stern, L.; Nagy, E.: *Einmal breifrei, bitte.* 2013, S. 114, Kösel-Verlag, München
15. Renz-Polster, H. (2011): »Ernährung für Kinder: Vorsicht, bitter! Achtung, sauer!« Spiegel Online, URL: http://www.spiegel.de/gesundheit/ernaehrung/ernaehrung-fuer-kinder-vorsicht-bitter-achtung-sauer-a-864814.html
16. Carruth, B. R. et al. (2000): »Revisiting the Picky Eater Phenomenon: Neophobic Behaviors of Young Children«, URL: http://www.tandfonline.com/doi/abs/10.1080/07315724.2000.10718077#.U2IR8ShQIy4
17. Greenpeace »Fischratgeber 2014«

Register